Penser l'engagement

Ouverture philosophique

Collection dirigée par Aline Caillet, Dominique Chateau, Jean-Marc Lachaud et Bruno Péquignot

Une collection d'ouvrages qui se propose d'accueillir des travaux originaux sans exclusive d'écoles ou de thématiques.

Il s'agit de favoriser la confrontation de recherches et des réflexions qu'elles soient le fait de philosophes "professionnels" ou non. On n'y confondra donc pas la philosophie avec une discipline académique ; elle est réputée être le fait de tous ceux qu'habite la passion de penser, qu'ils soient professeurs de philosophie, spécialistes des sciences humaines, sociales ou naturelles, ou... polisseurs de verres de lunettes astronomiques.

Dernières parutions

Françoise KLELTZ-DRAPEAU, *Une dette à l'égard de la culture grecque. La juste mesure d'Aristote*, 2012.
Julien GARGANI, *Poincaré, le Hasard et l'étude des Systèmes Complexes*, 2012.
Jean-Pascal COLLEGIA, *Spinoza, la matrice*, 2012.
Miklos VETÖ, *Explorations métaphysiques*, 2012.
Marcel NGUIMBI, *Penser l'épistémologie de Karl Popper*, 2012.
Joachim Daniel DUPUIS, *Gilles Châtelet, Gilles Deleuze et Félix Guattari. De l'expérience diagrammatique*, 2012.
Oudoua PIUS, *Humanisme et dialectique. Quelle philosophie de l'histoire, de Kant à Fukuyama ?*, 2012.
Paul DAU VAN HONG, *Paul Ricœur, le monde et autrui*, 2012.
Michel VERRET, *Les marxistes et la religion. 4e édition revue et complétée*, 2012.
François-Gabriel ROUSSEL, Madeleine JELIAZKOVA-ROUSSEL, *Dans le labyrinthe des réalités. La réalité du réel, au temps du virtuel*, 3e édition, 2012.
Pierre-Luc DOSTIE PROULX, *Réalisme et vérité : le débat entre Habermas et Rorty*, 2012.
François HEIDSIECK, *La vertu de justice*, 2012.

Mahamadé SAVADOGO

PENSER L'ENGAGEMENT

L'Harmattan

5-7, rue de l'École-Polytechnique ; 75005 Paris

http://www.librairieharmattan.com
diffusion.harmattan@wanadoo.fr
harmattan1@wanadoo.fr

ISBN : 978-2-336-00518-8
EAN : 9782336005188

PRESENTATION : L'AUTONOMISATION D'UN THEME

Les essais réunis dans le présent ouvrage s'affrontent tous au thème de l'engagement.

Ce thème n'est bien évidemment pas nouveau. Non seulement il a été traité par différents auteurs bien avant celui de cet ouvrage, mais surtout, il convient de rappeler qu'il fut un temps où il a été particulièrement en vogue.

Sous l'influence de l'œuvre de Marx, l'engagement a été chanté sur beaucoup de tons au cours du vingtième siècle sans que l'on se donne la peine de bien le thématiser.

Le marxisme véhicule une conception de l'engagement qui prend appui sur la théorie de la lutte des classes et s'exprime à travers l'exigence du passage de la classe en soi à la classe pour soi. Ce passage qui permet d'établir une jonction entre l'ouvrier conscient de son exploitation et l'intellectuel qui s'identifie à sa cause est, certes, essentiel pour l'organisation de l'activité révolutionnaire, mais il n'a pas été érigé en une préoccupation autonome susceptible d'engendrer une théorie.

Une telle préoccupation a pu affleurer dans le débat intellectuel à un moment donné, notamment à travers l'opposition entre l'existentialisme et le structuralisme et les interprétations du marxisme qu'ils induisent, mais l'évolution historique des anciens pays de l'est a contribué à la reléguer au second plan.

La mode de la dénonciation du « totalitarisme » et de la célébration de la démocratie libérale s'est vite imposée et a été encouragée au début des années quatre-vingt-dix par la chute du mur de Berlin, symbole pour beaucoup de penseurs de la défaite du marxisme, qui est censée entraîner avec elle l'abandon de tout projet de transformation du monde ainsi que, bien évidemment, toute réflexion sur l'engagement.

Aujourd'hui le contexte historique a lui-même manifestement changé.

Vingt ans après la chute du mur de Berlin, la confiance en l'irrésistible triomphe de la démocratie libérale a eu le temps d'être ébranlée à l'épreuve des faits.

La crise du capitalisme financier avec les atteintes aux acquis sociaux qu'elle provoque a favorisé le retour d'une pensée critique ou plus précisément la réhabilitation d'un discours de gauche radicale[1].

Contrairement à ce qu'on pourrait croire, cet essor des nouvelles théories critiques n'implique pourtant pas directement la réapparition d'une réflexion sur l'engagement. Au contraire, beaucoup de partisans des nouvelles théories critiques semblent avoir définitivement abandonné le projet d'une transformation du monde et, quand bien même ils se proposent d'analyser les tares de la société moderne, ils ne croient plus en la possibilité de son bouleversement.

Ils se contentent, quant au fond, d'en appeler donc à des réformes ponctuelles dans le cadre de la société libérale, ce qui les empêche d'accorder une importance particulière au thème même de l'engagement.

Le présent ouvrage prend le contre-pied de cette orientation.

Il aboutit à la conviction que la réflexion sur l'engagement se doit de précéder la critique de la société pour lui imprimer une véritable radicalité.

Pour accéder à cette conviction, il s'oblige bien évidemment à se réapproprier la quête de la transformation du monde formulée par Marx et remise à l'ordre du jour par la crise du capitalisme.

La poursuite de cette transformation impose de s'interroger sur les modalités de son accomplissement qui coïncident avec les formes de l'engagement.

L'ouvrage se propose ainsi de réhabiliter l'engagement à travers la diversité de ces formes, en commençant bien sûr par la forme du militantisme politique dont les manifestations demeurent les plus visibles.

---

[1] Voir à ce sujet : (R.) Keucheyan, *Hémisphère gauche. Une cartographie des nouvelles pensées critiques*, Paris, Zones, 2010.

Il ne s'arrête cependant pas là. Non seulement il est entraîné à s'interroger sur les limites du militantisme en opposant un militantisme progressiste ou révolutionnaire à un militantisme réactionnaire ou rétrograde, mais surtout, il introduit une distinction capitale entre engagement militant d'un côté et engagement fondamental de l'autre. Cette dernière distinction n'apparaît cependant pas avec le présent ouvrage.

Elle a été explicitement initiée depuis le premier livre publié par l'auteur qui s'intitule *Philosophie et existence*[2] .

En rappel, le dernier chapitre de ce livre qui a pour titre « Esquisse d'une présentation des modalités de l'engagement » dégage quatre actes fondamentaux à savoir, parler, penser, agir et décider à travers lesquels s'affirme le sens de l'existence.

La conclusion du livre introduit une dissociation entre « l'engagement fondamental » qui a pour enjeu le sens de l'existence dans son ensemble et «l'engagement ordinaire » qui renvoie à l'adhésion à une conception particulière de ce qui est bien pour l'homme. Par la suite, cette dissociation sera reprise dans les ouvrages ultérieurs de l'auteur.

Il revient néanmoins au titre *Pour une éthique de l'engagement*[3], publié en 2007 et réédité en 2008 enrichi d'un nouveau chapitre, de la redécouvrir en employant clairement les expressions « engagement militant » et « engagement fondamental ».

En somme, il n'est sans doute pas exagéré de considérer que tous les titres de l'auteur précédant le présent ouvrage ont contribué à le préparer en retrouvant, chacun à sa manière, le thème de l'engagement.

L'importance accordée à ce thème de l'engagement, l'autonomisation à laquelle il accède dans cet ouvrage, s'inscrit ainsi dans un itinéraire spécifique qui n'est pas directement rattaché aux événements de notre époque…

---

[2] (M.) Savadogo, *Philosophie et existence*, Paris, L'Harmattan, 2001.

[3] (M.) Savadogo, *Pour une éthique de l'engagement*, Presses Universitaires de Namur, 2008.

Le mérite principal du présent ouvrage consiste à consacrer l'autonomisation et la réhabilitation du thème de l'engagement en lui dédiant plusieurs chapitres de suite qui montrent comment on arrive à l'engagement, en analyse les formes et, surtout, insiste sur les implications politiques d'une pensée de l'engagement.

Il est vrai que la considération du contexte historique de notre époque apporte une légitimation particulière à la préoccupation directrice de ce livre et lui confère même une certaine urgence, mais il importe de ne pas perdre de vue qu'elle prolonge un itinéraire de pensée qui revendique une cohérence propre.

Par-delà donc la considération du contexte historique de son élaboration, il importe surtout de rapporter *Penser l'engagement* aux travaux antérieurs de son auteur afin d'appréhender sa justification.

Cette exigence est d'autant plus légitime que ces travaux constituent un ensemble qui revendique une cohérence ou plus exactement une forme systématique.

Du point de vue de cette articulation systématique de la réflexion de son auteur, il s'avère que « *Penser l'engagement* » approfondit la médiation entre la philosophie fondamentale exposée dans *Philosophie et existence* d'une part et la philosophie appliquée d'autre part qui s'explicite dans les titres consacrés à l'éthique, à la création, à la politique et peut-être, bientôt, à la religion.

Il n'est pas bien difficile, en effet, de deviner que le chapitre qui s'intitule « Croire et s'engager » annonce l'élaboration d'une réflexion sur le phénomène religieux.

Les analyses au fil desquelles ce chapitre se bâtit apparaîtront sans doute schématiques aux lecteurs qui connaissent bien le sujet.

Non seulement elles ne renvoient pas à des références précises, mais surtout elles négligent de s'arrêter sur le courant contemporain de la théologie de la libération qui s'est employé

à accorder une place importante à l'engagement militant dans sa réappropriation du message biblique.[4]

Malgré ces lacunes, ces analyses restent importantes pour cet ouvrage ainsi que le montre la conclusion à laquelle elles mènent : ce qui est en jeu dans la réflexion sur l'engagement n'est rien d'autre qu'une vision optimiste de la condition humaine, une confiance en la capacité humaine à édifier un monde sensé.

Cette conviction a un aboutissement politique que l'ouvrage s'applique à faire ressortir en examinant les différentes sensibilités politiques contemporaines, surtout celles qui se réclament de la gauche, et les nouvelles théories critiques auxquelles elles s'adossent.

Pour le dire en peu de mots, il s'agit de chercher à changer le monde sans craindre de prendre le pouvoir, contrairement au titre d'un récent ouvrage qui prétend redécouvrir le sens de la révolution aujourd'hui[5]**.**

En définitive, il convient de retenir que l'autonomisation du thème de l'engagement dans un ouvrage constitue un enjeu essentiel pour toute œuvre qui voudrait contribuer à une réhabilitation de la philosophie aujourd'hui.

Elle lui donne, en effet, l'occasion de prendre la mesure de ses implications éthiques et politiques et de se soumettre ainsi, sans détour, au jugement de ses lecteurs.

---

[4] Voir par exemple (G.) Gutiérrez, *Théologie de la libération. Perspectives*, traduction Fr. Malley, Bruxelles, Lumen Vitae, 1974 page 325 : « (…) Ce que nous entendons par théologie de la libération suppose une relation *directe* et précise avec la praxis : identification avec les hommes, les races et les classes sociales qui souffrent, *identification* avec leurs intérêts et leurs combats, *insertion* dans le processus politique révolutionnaire, pour vivre et annoncer, de là, l'amour gratuit et libérateur du Christ. »

[5] (J.) Holloway, *Changer le monde sans prendre le pouvoir. Le sens de la révolution aujourd'hui*, traduction S. Bosserelle, Paris, Syllepse, 2007.

PREMIERE PARTIE

Chapitre I : Penser et s'engager

L'ambition de penser l'engagement conduit la réflexion à redécouvrir la vieille opposition entre théorie et pratique qu'elle surmonte dans une dissociation entre engagement fondamental et engagement militant.

Le titre du présent propos semble relier deux démarches en apparence contradictoires : penser et s'engager. Il n'est pas en effet nécessaire d'être savant pour reconnaître que l'acte de penser impose une interruption dans le cours de l'existence, un recul par rapport à l'action, alors que celui de s'engager implique un arrachement à la réflexion, une identification avec un but qui annule toute distance réflexive.

Il faudrait ainsi considérer que l'engagement, arrête, rejette la pensée tout comme la pensée, suspend, annule, l'engagement.

Les deux attitudes qui se profilent derrière le titre de notre propos seraient en somme condamnées à s'exclure. Faut-il entériner cette opinion qui a le mérite de s'accorder avec le bon sens ?

Il suffit d'un peu de recul pour se convaincre qu'il est difficile de s'en contenter, car, non seulement il apparaît que la pensée la plus spéculative pourrait engendrer une implication pour l'existence, mais surtout il s'avère indispensable à tout engagement qui se veut conséquent de passer par la médiation d'une réflexion qui le légitime.

Il convient donc de relativiser l'opposition apparente entre penser et s'engager.

Loin d'être contradictoires, les deux attitudes se soutiennent mutuellement dans une large mesure. Jusqu'à quel point est-il pourtant justifié de les identifier ?

N'est-il pas inévitable, en définitive, d'introduire une hiérarchie entre ces deux attitudes ? Penser l'engagement ne revient-il pas à soumettre l'engagement à la pensée ?

La quête d'une réponse à cette dernière question passe, on s'en doute, par une confrontation avec les doctrines constitutives de l'histoire de la philosophie. Elle ne saurait cependant se réduire à une reprise simple de celles-ci. Au-delà de la convocation des doctrines constitutives de l'histoire de la philosophie, la quête d'une réponse à notre question directrice se doit de s'élaborer à partir d'une libre réappropriation du langage qui demeure la source originaire de laquelle jaillit toute théorie[6].

*   *

*

La réponse à la question par laquelle se conclut l'introduction de la présente réflexion semble, de prime abord, nécessairement affirmative. Non seulement penser et s'engager sont deux démarches distinctes et même opposées à première vue, mais surtout l'entreprise de penser l'engagement suggère une suprématie de la pensée sur les autres attitudes humaines en général et sur l'engagement en particulier.

Penser est une activité d'une dignité particulière, irréductible à l'engagement qui paraît être une attitude commune, accessible au plus ordinaire des humains.

Il est bien connu que l'activité de penser a toujours été considérée par la philosophie comme la marque spécifique du genre humain par opposition aux autres espèces d'animaux.

Traditionnellement les philosophes admettent une hiérarchie entre les êtres qui commence par le règne minéral, se poursuit par le règne végétal et le règne animal et culmine dans la vie humaine. Le trait distinctif de la vie humaine par opposition aux autres formes de vie consiste en l'aptitude de penser. Cette aptitude implique non seulement que l'homme est capable de se représenter les autres êtres, au lieu de réagir simplement à leur présence, mais surtout, qu'il est en mesure de découvrir des rapports entre tous les êtres, de les répartir entre des catégories et de désigner un ordre ou une hiérarchie entre celles-ci.

Cette aptitude spécifiquement humaine, qui s'exprime dans l'émergence des différentes formes de sciences, trouve son parachèvement en l'apparition même de la philosophie en tant que

---

[6] Il convient cependant de relever que la libre réappropriation du langage qui s'annonce ici ne saurait être synonyme de manque de rigueur. Elle se déploie au contraire sous l'emprise de la conviction selon laquelle le comble de la liberté coïncide avec l'adhésion à la règle que l'on s'est donnée.

mode particulier de savoir qui consacre la suprématie de la pensée sur les autres occupations de l'homme.

La signification de l'apparition de la philosophie pour la compréhension de l'homme n'est jamais suffisamment soulignée, estimée à sa juste valeur. Il en est ainsi parce que l'on oublie facilement que la philosophie n'est nullement indispensable à la vie humaine. La surabondance actuelle des titres se réclamant de la philosophie, soutenue par la diversité des doctrines constitutives de l'histoire de la philosophie, encourage la propension à cet oubli.

Le déséquilibre entre les publications philosophiques au nord et au sud, qui s'appuie il est vrai sur une évidente inégalité économique, devrait cependant suffire à nous arracher à cette propension. Les sociétés humaines ont pu exister en ignorant la philosophie. Les hommes sont capables de s'organiser, de pourvoir à la satisfaction de leurs besoins et d'instaurer un ordre entre eux, sans élaborer une réflexion philosophique.

La philosophie n'est ni nécessaire à la conservation de la vie humaine, ni incontournable dans l'instauration d'un ordre entre les êtres humains. Non seulement elle n'a pas toujours existé, mais, même après son apparition elle n'a pas rayonné à toutes les époques de la même manière.

Il n'entre pas dans l'objet du présent propos de s'interroger sur les conditions d'apparition ou de rayonnement de la philosophie. Il suffit simplement de reconnaître, pour le moment, que la réflexion philosophique ne constitue pas une condition sine qua non de la conservation de la vie humaine.

Il faudrait même ajouter, sans bien évidemment vouloir s'attarder à s'interroger sur les conditions de l'émergence de la philosophie, qu'il faut qu'une société humaine soit particulièrement avancée dans son évolution pour pouvoir accorder une place à la réflexion philosophique. Il est exigé de se sentir protégé de la violence des besoins les plus pressants de la vie humaine pour s'adonner au loisir de réfléchir sur la relation entre tous les êtres dont se compose le monde et s'interroger sur la destination de l'homme au-delà d'eux.

Originairement, l'homme se heurte d'abord aux êtres qu'il trouve devant lui et s'emploie à les soumettre pour parvenir à assurer sa conservation. Sa préoccupation première est ainsi pratique : il faut transformer la nature, réduire son hostilité pour conquérir la satisfaction de ses besoins.

Il est vrai que ce projet de transformation de la nature engendre une forme de savoir, une science, qui se met à son service. Mais cette science elle-même n'est pas encore la philosophie. Elle consiste certes à établir des rapports entre les êtres, à formuler des règles selon lesquelles certains phénomènes naturels se produisent ou se reproduisent; ce qui, en favorisant la prévision, permet de s'orienter dans le monde en lui découvrant un ordre sans lequel il apparaîtrait chaotique.

Bien entendu, cette science, qui est destinée à se ramifier rapidement pour embrasser différentes catégories de phénomènes naturels, est en elle-même une forme de pensée qui continue de se développer jusqu'à nos jours en s'appuyant sur les inventions techniques qu'elle appelle elle-même pour, en retour, s'en servir. Pourtant, cette forme de pensée n'est pas encore identique à la philosophie.

Il en est ainsi précisément parce qu'elle demeure portée par la logique de l'organisation de la satisfaction des besoins, engagée dans la lutte contre la violence de la nature extérieure pour sauvegarder, conserver la vie humaine.

La mention de l'engagement ici, à ce niveau de la présente réflexion, n'est pas fortuite, elle est nécessaire pour suggérer que, s'il est couramment admis de dissocier pensée et engagement, le mode de pensée qu'est la science, quant à lui, loin de s'opposer à l'engagement en est au contraire une manifestation.

Il importe néanmoins de préciser immédiatement que l'engagement, tel qu'il apparaît ici, s'identifie à la confrontation avec le quotidien, à l'insertion dans la préoccupation qui attache l'individu aux données constitutives du monde. Ainsi compris, l'engagement détermine l'apparition de la science elle-même.

Il semble possible, en apparence seulement, de contester l'association entre science et engagement parce que, dans un premier temps, toute science exige, pour s'édifier, un détachement à l'égard du lien qui enchaîne l'homme aux phénomènes dont la succession constitue le monde. Il convient cependant de reconnaître que ce recul est destiné à être surmonté, dans un second temps, pour mieux reconduire l'attention à ce que les phénomènes ont d'essentiel du point de vue de la science, à savoir les lois, c'est-à-dire les rapports qui les unissent et qui les rendent prévisibles.

En définitive donc, la forme de pensée qu'est la science, loin d'être dissociable de l'engagement aussi facilement que le sens commun oppose la théorie à la pratique, suppose au contraire, un enracinement dans le monde qui s'élève à sa propre conscience à travers la notion d'engagement, entendue ici, rappelons-le, comme poursuite quotidienne de la satisfaction des besoins.

Seule donc la philosophie est susceptible d'être légitimement opposée à l'engagement ainsi conçu, réduit à une attitude accessible à tous les hommes sans distinction. Pourquoi en est-il ainsi ?

Lorsque la philosophie désigne dans la pensée l'aptitude la plus haute de l'homme, elle ne se la représente pas à la manière d'une activité orientée vers une finalité qui la transcende en lui donnant un sens. Penser n'est pas une aptitude humaine commune appelée, en tant que telle, à être mise en œuvre en fonction des objectifs que l'homme se propose.

Une telle représentation de la pensée triomphe surtout dans la science quelle que soit d'ailleurs l'orientation qu'elle s'assigne, qu'elle se veuille naturelle ou humaine.

Communément, les sciences se distinguent par leurs objets et leurs méthodes. Il est ainsi admis qu'une science exacte n'est pas soumise à la même démarche qu'une science humaine. Cependant, non seulement la science reste un outil au service de l'organisation de la satisfaction des besoins d'une manière générale ainsi qu'il a déjà montré plus haut, mais surtout, la perception du rôle de la pensée demeure identique d'une catégorie de la science à une autre.

Penser du point de vue de toute science ordinaire consiste à appliquer des concepts à des phénomènes. Il s'agit de surmonter les contradictions apparentes des phénomènes en dégageant ce qu'ils ont de commun entre eux, de les regrouper dans une classe et de remonter ensuite d'une classe de phénomènes à une autre plus large avec l'ambition de parvenir à appréhender ce que toutes les classes de phénomènes ont de commun.

La pensée perçue de la sorte est essentiellement une entreprise d'unification. Elle remonte du particulier au général et reste guidée par la quête d'une règle ultime d'unification de tous les phénomènes observables, qu'ils soient naturels ou humains. Elle reste ainsi orientée par l'idée d'une unité de toutes les sciences, guidée par l'objectif de coordonner toutes les théories applicables à des phénomènes en un ensemble unique.

Cette ambition demeure évidemment une manifestation du projet fondamental de révéler l'ordre qui encadre le monde dans sa globalité afin d'orienter l'homme, de lui permettre d'assurer la conservation de sa vie qui passe par la satisfaction de ses besoins.

Du point de vue de cette entreprise globale, il n'existe pas un besoin humain supérieur aux autres. Tous les besoins sont à satisfaire. Il en découle que la conquête de leur satisfaction constitue une tâche inachevable, infinie. L'homme est ainsi potentiellement condamné à consacrer toute son existence à cette tâche.

La philosophie rompt précisément avec cette perception de la condition humaine. Elle introduit la conviction qu'il existe une hiérarchie entre les besoins de l'homme. L'homme a certes des besoins en partage avec d'autres animaux mais il s'avère possible de désigner des besoins spécifiquement humains.

La pensée est un besoin humain ; il serait plus exact de dire une quête humaine.

Elle n'est, en effet, pas un besoin humain comme d'autres, susceptible d'être satisfait par la conquête d'un but. Elle est un but en elle-même. Elle est la fin à conquérir quand les autres besoins ont trouvé une satisfaction. Elle est donc la quête humaine par excellence.

Il en est ainsi parce que, fondamentalement, la pensée ne s'applique pas à un objet qui lui est extérieur et auquel elle cherche à correspondre. Cette représentation de la pensée, qui intervient dans la science ordinaire, en réduit la dignité en la soumettant à une réalité qui la détermine. La pensée se donne elle-même ses exigences. Elle se déploie selon une logique qui lui est propre et qui transcende la logique interne au monde phénoménal. La logique de la pensée culmine dans l'intuition de l'un, dans la saisie du principe unique qui se tient au-delà de la variété des phénomènes.

Il faudrait se garder de croire que l'accès à ce principe est préparé par l'entreprise d'unification des phénomènes à travers la science. Non. L'intuition de l'un qui apaise l'insatisfaction humaine dépasse les strictes limites de la science ; elle exige un saut qui sépare la philosophie de la science, comme la théorie de la pratique. La science reste sur le terrain de la pratique.

Il a été déjà indiqué qu'elle s'inscrit dans la poursuite de la satisfaction des besoins, qu'elle est « engagée » de ce point de vue. Le sens de cette observation se précise maintenant. La science reste un outil, un moyen au service d'une fin. Elle ne constitue pas un but en soi. En somme, elle se révèle essentiellement pratique.

La pratique s'oppose à la théorie dans la mesure où elle n'est pas à elle-même son propre but ; elle est au service d'une fin qui lui accorde son sens. Dans la pratique toute fin est relative, elle est susceptible de se transformer en un moyen en vue d'atteindre une autre fin.

La pratique ignore une fin absolue, une fin qui se suffit à elle-même. Une telle fin se découvre dans la théorie.

La théorie est généralement assimilée au discours. Mais le discours n'est pas propre à la théorie. Il se retrouve également à l'œuvre dans la science qui reste cependant une pratique. Ce qui caractérise fondamentalement la théorie se désigne dans l'intuition du principe unique qui apaise la quête de l'homme. Il n'existe pas de passage de la poursuite inachevable des fins dans la pratique à l'apaisement dans la vue de l'unité qui définit la théorie.

Pratique et théorie se dissocient comme deux pôles entre lesquels il n'intervient jamais un pont. La théorie et la pratique ne se rencontrent pas. Elles sont radicalement opposées.

La philosophie relève de la théorie. Aussi s'oppose-t-elle à l'engagement qui, lui, se confond avec la pratique.

S'engager se ramène essentiellement à prendre parti pour un but qui ne se suffit pas à lui-même, qui s'affirme en s'opposant à d'autres buts. Celui qui s'engage se condamne à ne jamais trouver l'apaisement que procure la théorie car la fin pour laquelle il se bat reste relative. Elle demeure susceptible de se transformer en une étape vers la quête d'une autre fin qui lui est supérieure.

L'engagement a ainsi pour enjeu la satisfaction qui se révèle provisoire, pas l'apaisement qui, lui, est définitif.

La philosophie s'est toujours préoccupée de l'apaisement et non de la satisfaction.

En somme, le but de la philosophie est d'une dignité supérieure à celui de l'engagement. Philosophie et engagement suggèrent deux préoccupations inconciliables. Le triomphe de la pensée dans la philosophie équivaut à un saut au-delà de l'engagement.

Penser et s'engager ne sont pas à confondre.

* *

*

Avec cette dernière assertion, la réflexion en cours est parvenue à dégager une position claire concernant la relation entre penser et s'engager. Cette position est cependant loin d'être inébranlable. Car, s'il est vrai que la théorie se tient au-delà de l'engagement, il reste maintenant à se demander comment s'accomplit le saut qui y conduit. Existe-t-il un chemin universel qui mène à l'intuition de l'unité dans la théorie ou faut-il considérer que ce saut est injustifiable ?

Considérer que la conquête de l'apaisement dans la théorie est un privilège injustifiable reviendrait à assimiler la philosophie à la religion. Il est vrai que la religion est, elle aussi, une forme de théorie ; elle a pour enjeu l'être suprême ou absolu. La religion impose une remise en cause des buts finis de la vie humaine pour se tourner vers une exigence qui transcende l'homme et lui dévoile la finitude de sa condition. Elle révèle les limites de toute pratique en tant que poursuite de satisfactions relatives pour conduire au triomphe de la pensée dans la mesure exacte où elle se donne pour enjeu l'intuition de l'être suprême ou la confrontation avec l'absolu.

Religion et philosophie semblent ainsi avoir en partage la quête d'un principe ultime, la désignation d'une fin qui se tient au-delà du besoin. Religion et philosophie se rejoignent dans la consécration de la pensée, dans l'affirmation de la suprématie de la théorie sur la pratique.

La philosophie n'est pourtant pas la religion. Il est bien connu que, historiquement, les rapports entre les deux modes de penser et les attitudes qu'ils impliquent ont souvent été conflictuels. Il n'est peut-être pas inutile de rappeler au passage que la religion s'est trouvée plus menacée par la philosophie que l'inverse et que les philosophes ont parfois payé cher leur contestation de la religion. Il n'est pas indispensable de développer plus loin ce rappel historique.

Il importe surtout de dégager la séparation entre philosophie et religion. Or, elle consiste essentiellement en ceci que, pour la philosophie, l'accès au principe suprême par la théorie est fondamentalement justifiable. Non seulement le philosophe se propose de rendre compte du chemin par lequel il atteint la rupture entre la théorie et la pratique, mais surtout il considère que ce passage est accessible à tout homme sans distinction.

La philosophie n'est pas une occupation mystérieuse ; le philosophe n'est ni un extraterrestre ni même un prophète. Il ne prétend pas détenir la pensée philosophique d'une puissance transcendante, d'une grâce ou d'un don inexplicable. Il est vrai que Socrate laissait croire qu'il était possédé par un « démon » mais il n'attendait heureusement pas de ses interlocuteurs le signe d'une telle possession pour entrer en conversation avec eux ! Au contraire il était tellement convaincu de l'aptitude de chaque homme à philosopher qu'il n'a pas hésité à entrer en dialogue avec un esclave, Menon en l'occurrence.

Pour la philosophie, l'accès à la théorie est, par principe, ouvert à tous sans exception ; il s'agit surtout d'apprendre à conduire son regard, à exercer son jugement. D'où l'importance d'une doctrine de la connaissance qui explique comment s'accomplit le passage de l'erreur à la vérité (retour pour Platon, progrès pour Aristote).

Il est significatif de remarquer que la philosophie, qui souligne l'écart entre la théorie et la pratique en affirmant une suprématie de la première sur la seconde, aboutit à la formulation d'une doctrine de la connaissance. Une telle doctrine est indispensable pour délimiter la frontière entre la philosophie et toutes les formes d'expérience de la transcendance ou de l'absolu qui se veulent insondables, incommensurables.

La philosophie se propose de désigner le chemin par lequel intervient l'intuition de l'unité qui transcende la dispersion quotidienne dans la pratique. Soit elle considère que cette intuition est première et elle se met en quête de la genèse de la chute qui éloigne d'elle, soit au contraire elle suppose que l'éloignement est premier et s'emploie à permettre la remontée vers l'intuition de l'unité.

Dans tous les cas, il est légitime de considérer que la formulation d'une doctrine de la connaissance consacre l'affirmation de la spécificité de la philosophie en tant que mode de la pensée, en tant que quête de l'apaisement par la théorie.

Il a été déjà indiqué que le processus d'unification des phénomènes à travers la science ne conduit pas naturellement à l'intuition de l'unité qui caractérise la théorie. Ceci étant admis il convient de reconnaître que la philosophie énonce ses propres exigences qui préparent à l'accès à la théorie. L'énonciation de ces exigences incombe à une doctrine de la connaissance.

La philosophie n'est pas la science mais elle reste une forme de savoir. Elle se donne des règles pour se distinguer de ce qui n'est pas elle. Une doctrine de la connaissance désigne le chemin, elle indique le cheminement qui éloigne la philosophie de ce qui n'est pas elle, à défaut de montrer comment s'effectue le passage de la non philosophie à la philosophie.

En d'autres termes, la question de son commencement constitue une préoccupation essentielle pour la philosophie. La confrontation avec cette préoccupation suscite la doctrine de la connaissance qui consacre ouvertement la séparation entre philosophie et religion.

Simple en apparence, la question du commencement de la philosophie, qui appelle une doctrine de la connaissance, s'avère cependant particulièrement difficile à affronter. Sa discussion ouvre une histoire qui entraîne la philosophie à remettre elle-même en cause l'opposition entre théorie et pratique qu'elle a contribuée dans un premier temps à radicaliser. Il serait bien entendu vain de prétendre reprendre toutes les étapes de cette histoire dans le cadre de la présente réflexion. Toute grande philosophie recèle une conception du commencement de la philosophie et il est inutile de s'employer à reprendre tous les systèmes de l'histoire de la philosophie.

Partant de la préoccupation directrice du présent propos qui est de s'interroger sur la relation entre penser et s'engager, il importe surtout de mettre en évidence les moments les plus significatifs dans le processus de remise en cause de la séparation entre théorie et pratique.

Il a déjà été montré que l'élaboration d'une doctrine de la connaissance est susceptible de prendre deux orientations opposées : elle peut tenir la vérité pour première et s'employer à rendre compte de l'apparition de l'erreur ou au contraire partir de l'erreur pour montrer le chemin qui mène à la vérité. Ces deux manières de concevoir l'élaboration d'une doctrine de la connaissance, derrière lesquelles se profilent les figures de Platon et d'Aristote, partagent cependant une limite commune : elle consiste à ériger la vérité en une réalité en soi dont la conquête impose un saut au-delà de la sphère des phénomènes accessibles à la sensibilité.

Ce saut marque une rupture radicale entre théorie et pratique, pensée et engagement. Même si, par principe, l'accomplissement de ce saut est à la portée de tout homme il demeure une différence fondamentale entre celui qui le réalise et les autres, entre le philosophe et l'homme ordinaire. Le philosophe est l'homme de la théorie et le non philosophe l'homme de la pratique.

Ce partage compromet, à l'évidence, toute communication entre l'un et l'autre de telle sorte que l'ambition même d'une théorie de la connaissance se retrouve vouée à l'échec : il n'existe pas de véritable passage de la non philosophie à la philosophie.

Il existe plutôt d'un côté ceux qui sont aptes pour la philosophie et de l'autre ceux qui sont condamnés à la pratique. Chaque camp se reproduit en fait indéfiniment.

Afin de surmonter cette impasse, il convient de renoncer à concevoir la vérité comme une réalité en soi dont la conquête définit la théorie. La différence d'un homme à un autre ne consiste pas en l'union à une vérité qui transcende le monde mais en la manière de conduire un entendement qui est identique en chaque homme. Il est vrai qu'une doctrine de la connaissance indique un chemin par lequel est censé s'opérer la séparation entre la vérité et l'erreur. Mais ce chemin reste entièrement adossé à une intuition transcendante qui n'est pas accessible à tous. L'accès à cette intuition introduit une discrimination entre les hommes, entre le philosophe et le non philosophe. La présupposition d'une vérité transcendant l'homme remet en cause la portée du chemin par lequel s'accomplit le partage entre vérité et erreur.

Afin de réhabiliter radicalement la poursuite d'une manière de séparer vérité et erreur, il convient de considérer que le critère du partage se retrouve en l'homme lui-même, en chaque homme considéré individuellement et non au-delà de l'humanité. La conquête de la vérité met en jeu le rapport entre les facultés humaines. La vérité se conquiert essentiellement à travers une façon de conduire son entendement ou sa raison et non par l'appréhension d'une réalité indépendante de l'homme. En d'autres termes, la ligne de séparation entre vérité et erreur se ramène à une méthode ou à une technique, à une suite de règles dont l'application permet de prévenir tout égarement, contribue à orienter adéquatement l'entendement ou la faculté de juger.

Le jugement est un acte qui s'accomplit ordinairement, qui est régulièrement effectué par chaque homme. Il est cependant susceptible d'être tenu pour bon ou mauvais, juste ou injuste, vrai ou faux. Le critère selon lequel intervient ce partage se retrouve dans la manière dont le jugement s'accomplit. Quand il ne suit pas des règles qui l'orientent, le jugement s'expose à la fausseté ou à l'erreur. L'erreur n'est rien d'autre que le résultat de la précipitation qui pousse à juger sans se soumettre à un critère de validation de son jugement.

La vérité quant à elle consiste en un jugement validé, une appréciation justifiée par des règles qui rendent compte de sa genèse. Ne pas pouvoir rendre compte de son jugement, ne pas être en mesure d'en donner la démonstration, constitue la ligne de démarcation entre le savoir et le non savoir. La philosophie est un savoir parce qu'elle se charge de donner la démonstration de ses affirmations en suivant une méthode, une succession de règles que tout entendement humain sain est capable de reconnaître.

Il en découle qu'il n'existe pas une différence de nature entre le philosophe et le non philosophe. Le même entendement se retrouve à l'œuvre en l'un et en l'autre. La différence entre les deux figures se ramène à une technique accessible par l'apprentissage.

Du coup, la distance qui sépare la théorie incarnée par le philosophe et la pratique à laquelle s'identifie le non philosophe s'en trouve réduite.

La théorie n'est rien d'autre que la réflexion sur la manière de conduire un entendement présent en chaque homme. Elle s'identifie à un retour sur les règles qui permettent de justifier un jugement.

La pratique quant à elle, se conçoit comme l'exercice d'un jugement qui ne s'interroge pas sur sa justification, qui ne se préoccupe pas de ses conditions de validation. En d'autres termes, la théorie est essentiellement destinée à orienter la pratique, à la guider.

Pratique et théorie se complètent.

Il s'en déduit que le triomphe de la pensée dans la théorie n'est pas à opposer à l'engagement identifié à la pratique. S'engager revient à opérer un choix, porter un jugement qui sépare ce qui est bon de ce qui est mauvais, ce qui est vrai de ce qui est faux. L'engagement oriente en discriminant, il guide en dissociant. Il n'attend pas la règle qui justifie un choix avant de l'opérer, il juge avant de se préoccuper d'une quelconque démonstration.

Mais, il n'est pas pour autant hostile à toute justification ou indifférent à tout effort de démonstration. Au contraire, la conquête de la justification contribue à raffermir l'engagement, elle permet de le consolider.

Aussi la pensée et l'engagement se complètent-ils.

La poursuite de la justification du jugement dans la pensée constitue une forme d'encouragement à l'engagement qui implique un choix entre des valeurs. La pensée est un support particulier à l'engagement. L'engagement est susceptible de s'appuyer sur la pensée pour s'affirmer.

En somme, il est vain de vouloir opposer radicalement pensée et engagement. Il convient sans doute de reconnaître que les deux attitudes ne sont pas identiques mais il reste clair qu'un passage est concevable de l'une à l'autre. Un lien est possible entre penser et s'engager.

* *

*

Avec cette dernière observation, la réflexion en cours est parvenue à introduire un lien entre la théorie et la pratique, entre la pensée et l'engagement. Il reste cependant à s'interroger sur la nature même de ce lien. L'engagement constitue t-il une étape qui prépare à la pensée ou au contraire faut-il considérer que la pensée se dépasse elle-même dans l'engagement ?

La quête d'une réponse à cette question impose de s'arrêter dans un premier temps pour mieux préciser la relation entre théorie et pratique. À travers les considérations précédentes, la théorie a été présentée comme une réflexion sur le jugement alors que la pratique, elle, est apparue comme sa mise en œuvre. La différence entre théorie et pratique se ramènerait donc à celle qui oppose réflexion et jugement.

Il convient à présent de remettre en cause cette perception de la distinction entre théorie et pratique. Car, s'il est admis qu'il existe un lien entre théorie et pratique, il faut se garder cependant de voir dans la pratique une condition simple de la théorie. Il ne faut pas croire que la pratique opère des choix, suscite des jugements, qu'il revient simplement à la théorie de justifier. Il se pose la question de la possibilité d'une justification de la théorie en elle-même, indépendamment de sa relation à la pratique et vice-versa.

Car, de prime abord, il ne semble pas indispensable à la théorie de se rapporter à une pratique afin de se légitimer. En effet, la réflexion sur le jugement que constitue la théorie est autonome dans la mesure où elle est capable de s'interroger sur les conditions de sa propre validation. Autrement dit la théorie se juge elle-même, elle formule le critère de sa pertinence ou de sa propre valeur. Une théorie doit se montrer capable de rendre compte de sa propre validité, d'établir les règles selon lesquelles elle se justifie. Ce retour de la théorie sur elle-même, qui coïncide avec la quête de sa justification, suggère une distinction entre le jugement porté sur la théorie et le jugement impliqué par la pratique, entre, en d'autres termes, un jugement théorique et un jugement pratique.

La distinction entre jugement théorique et jugement pratique constitue un moment important du processus d'autonomisation de la philosophie en tant que savoir. Elle conduit en effet la philosophie à fixer ses propres limites, à s'interroger sur ce qui relève de sa compétence en tant que savoir et ce qui transcende le savoir pour mettre en jeu d'autres sphères. Le savoir en effet a une sphère qui lui est spécifique, il a une forme et un contenu. Au-delà de cette sphère le savoir cède la place à d'autres domaines.

Cette circonscription des limites du savoir philosophique qu'implique la distinction entre jugement théorique et jugement pratique a pour conséquence de rapprocher davantage le philosophe et le non philosophe, de remettre en cause la suprématie de la théorie sur la pratique. Car, en ramenant la théorie à une réflexion sur la manière de conduire son jugement, la philosophie parvient certes à réduire la distance qui sépare le philosophe du non philosophe, en la transformant en une simple différence technique, mais elle maintient une certaine supériorité de la théorie sur la pratique.

Cette supériorité consiste en ce que la théorie est supposée trouver la justification au jugement exigé par la pratique. Autrement dit, il est dénié une autonomie à la pratique qui n'est pas censée susciter sa propre instance de légitimation.

La distinction entre jugement théorique et jugement pratique suggère que la théorie et la pratique impliquent chacune une instance spécifique de légitimation, elle révèle que le jugement, dans chacun de ces domaines, obéit à des règles qui lui sont propres.

Non seulement chacun de ces domaines implique des règles qui lui sont particulières, mais surtout ils reposent chacun sur une faculté qui lui est propre, l'intelligence pour la théorie et la volonté pour la pratique.

Dans la précédente grande partie de la réflexion en cours, le jugement a été présenté comme l'acte d'une faculté unique qui est l'entendement ou la raison. Cette manière de procéder aboutit à réaffirmer la suprématie de la théorie sur la pratique par-delà la possibilité d'un lien entre les deux. En introduisant désormais une dissociation entre l'intelligence et la volonté ou entre la raison théorique et la raison pratique dans la considération du jugement, la réflexion en cours parvient à rétablir chacun des deux domaines que sont la théorie et la pratique dans ses droits.

La théorie formule ses règles en fonction desquelles elle se légitime mais il en est de même pour la pratique. Mieux, les valeurs mêmes que chacun de ces domaines met en avant pour se légitimer ne sont pas identiques : la théorie se réfère à la vérité alors que la pratique, elle, s'oriente vers le bien.

Il n'est pas indispensable pour le présent propos d'entreprendre une discussion approfondie de ce que signifient la vérité et le bien ; il suffit de retenir que les deux valeurs se rapportent à des facultés différentes : l'intelligence pour la vérité et la volonté pour le bien.

Surtout, il importe de souligner l'écart qui sépare les deux valeurs et les facultés qui leur correspondent : il ne suffit pas de connaître la vérité pour vouloir le bien. Autrement dit, l'intelligence n'implique pas la volonté, il n'est pas nécessaire d'être savant pour être bon. L'homme de science n'est pas forcément un honnête homme.

Cette vision de l'humanité, qui dissocie le savant et l'honnête homme, introduit une rupture radicale avec celle qui a été proposée dans la première grande partie de la présente réflexion dans laquelle il apparaissait que la théorie transcende complètement la pratique. Considérer que la théorie surplombe la pratique revient à ériger le savoir en idéal pour l'humanité. La dissociation entre jugement théorique et jugement pratique fixe des limites au savoir en lui retirant la dignité de modèle pour l'humanité : il ne suffit pas d'être savant, il faut encore être bon.

La dissociation entre jugement théorique et jugement pratique permet certes de déchoir davantage la théorie de sa prétention à la suprématie sur la pratique et de rapprocher encore mieux le philosophe du non philosophe, mais elle aboutit à installer en l'homme, philosophe ou non philosophe, une dualité entre intelligence et volonté, entre raison théorique et raison pratique. Cette dualité implique, pour la réflexion sur le rapport entre penser et s'engager, que l'une et l'autre attitudes cohabitent dans le même homme sans se rencontrer. Le même homme pense et s'engage sans se considérer uni avec lui-même.

Il se pose donc la question de savoir comment surmonter cette dualité qui compromet l'unité de l'humanité avec elle-même en chaque homme.

La question semble difficile à résoudre tant qu'elle est seulement envisagée à partir d'une réflexion sur le jugement. Mais, il se trouve, heureusement, que le jugement n'est qu'une dimension de l'expression de l'humanité. L'homme n'est pas seulement un être qui juge, il est aussi et surtout un être qui vit. Le jugement, qu'il soit théorique ou pratique demeure une manifestation de la vie humaine parmi d'autres. Vivre ne se réduit pas à s'interroger sur les règles qui légitiment nos choix ou nos actes.

D'ailleurs, la réflexion explicite sur ces règles est à prendre comme la conséquence d'une crise qui s'introduit dans le rapport à la vie. Normalement, la vie humaine s'enracine dans des ensembles concrets, dans des milieux qui lui prescrivent des attitudes que chacun s'applique simplement à adopter. Chaque homme est membre d'une famille, représentant d'une catégorie professionnelle, élément d'une classe sociale, citoyen d'un Etat, partisan d'une cause politique, adepte d'une religion, etc.

Dans chacun de ces ensembles, l'individu rencontre des attentes auxquelles il lui revient de répondre ; il n'a pas besoin de s'interroger sur les conditions de légitimation de son comportement. Sa vie est l'unité en acte de l'intelligence et de la volonté, de la théorie et de la pratique.

Il reste vrai cependant que cette unité qui est seulement vécue, en soi, est appelée à s'élever à sa propre conscience, à s'affirmer pour elle-même. La prise de conscience de l'unité que constitue la vie n'est pas immédiatement donnée, elle s'accomplit dans un savoir médiatisé par la scission entre réflexion et jugement, intelligence et volonté, raison théorique et raison pratique, théorie et pratique ou pensée et engagement.

Ces différentes oppositions bâtissent ensemble un processus au cours duquel la vie humaine en général se hisse à la conscience de sa propre unité par la médiation du savoir de l'individu philosophe. En apparence, ce savoir est l'œuvre d'un individu mais, en vérité, l'individu philosophe lui-même n'est que le détour par lequel le sujet absolu se révèle à lui-même.

Il en découle que la philosophie est le savoir absolu, la forme suprême de la théorie à laquelle la pratique ne s'oppose pas de l'extérieur mais désigne un moment de son propre accomplissement.

La pratique se comprend comme un moment de l'effectuation du savoir absolu qu'est la philosophie. Ce moment est celui où le sujet, qui se hisse à sa propre conscience dans la philosophie, revient de son indifférence à l'égard de la réalité, qu'il tient pour extérieure à lui, pour s'employer à la façonner selon sa visée, conformément à ses buts. Autrement dit, à travers la pratique, le sujet de la philosophie s'objective dans le monde, l'esprit absolu s'aliène en esprit objectif pour se retrouver au-delà de cette aliénation.

Le moment de la pratique est essentiel dans le développement du savoir absolu car il est celui dans lequel le sujet qui se révèle dans ce savoir entreprend de nier l'autonomie de la réalité qu'il croit distincte de lui pour la soumettre à sa loi.

Dans la vie de l'individu, l'emprise de la loi sur le monde s'exprime dans les expériences de la règle juridique, du devoir moral et de l'attachement à la collectivité. Elle se dépasse dans l'intuition de l'unité de l'esprit, faculté créatrice, source de la loi et de la sensibilité, faculté de la passivité, réceptacle de la matière à former, dont l'art est la manifestation.

Mais l'art lui-même n'est qu'un premier niveau de l'expérience de l'unité entre l'esprit et la sensibilité. Au-dessus de ce niveau se tient la religion dont il a déjà été dit qu'elle s'articule autour d'un principe unique transcendant les buts finis de l'homme et, finalement, la philosophie qui se révèle comme la recollection ultime des étapes par lesquelles les différentes oppositions entre les facultés humaines aboutissent à l'affirmation de l'unité de l'homme.

La philosophie, en tant que forme de savoir dans laquelle s'affirme la conscience de l'unité de la vie humaine par-delà ses contradictions, triomphe de la dissociation entre théorie et pratique, entre pensée et engagement.

L'engagement est pour elle la médiation par laquelle la pensée se développe jusqu'à se retrouver elle-même. Les choix par lesquels l'engagement s'affirme entraîne la pensée à se découvrir elle-même. La pensée passe par différentes formes pour finir par reconnaître son unité. L'affirmation de ces différentes formes intervient par l'engagement.

La pensée se nie dans l'engagement pour se retrouver par-delà cette négation.

La contradiction entre pensée et engagement est exigée par le processus même de triomphe de la pensée. Pensée et engagement sont unis par et pour la pensée absolue que constitue la philosophie.

* *

*

Avec cette dernière affirmation, la réponse à la question inaugurale de la précédente grande partie de la réflexion en cours est conquise : l'engagement est une étape qui prépare au triomphe de la pensée.

Cette réponse réintroduit malheureusement la suprématie de la philosophie sur toutes les occupations humaines. Elle ne suppose certes pas une distance infranchissable entre le philosophe et le non philosophe. Le triomphe de la philosophie qu'elle suggère implique que l'individu philosophe parle pour l'humanité dans son ensemble. Il ne naît pas philosophe, il le devient au terme d'un processus qui l'entraîne à se nier lui-même sous la figure du non philosophe avant de se retrouver.

Il n'en demeure pas moins pourtant que l'apologie de la philosophie, qui réduit l'engagement à une étape sur le chemin de la victoire de la pensée, est susceptible d'être retournée en son contraire. Il est en effet également envisageable de soutenir que l'engagement est tout et la pensée n'est elle-même qu'un moment de ce tout.

Il ne s'agit pas ici d'une simple hypothèse car, l'engagement, ramené aux dimensions de la lutte entre les ensembles humains pour l'hégémonie sur la société subvertit toute pensée aussi absolue se croit-elle.

Il a été déjà montré au cours des considérations précédentes que la vie humaine s'insère dans des ensembles qui lui prescrivent des attentes. Les relations entre ces ensembles, loin d'être harmonieuses, sont essentiellement conflictuelles. Les familles, les catégories professionnelles, les classes sociales, les collectivités humaines, les organisations politiques et les confessions religieuses s'opposent entre elles. Non seulement chaque type d'ensemble s'oppose à un autre dans les attentes qu'il adresse à l'individu, mais, à l'intérieur d'un même type d'ensemble, des contradictions importantes se manifestent.

La philosophie du savoir absolu élève la prétention de surmonter toutes ces contradictions dans une théorie qui les englobe. Mais cette réconciliation demeure dans le domaine de la pensée auquel il est facile d'opposer la vie de l'individu. Dans le déroulement effectif de sa vie, l'individu est condamné à opérer des choix, à s'engager pour telle attente au détriment de telle autre. Pire, parmi les contradictions auxquelles il doit faire face, il y en a qui sont plus profondes que d'autres et qui imposent à la philosophie elle-même un rôle, un parti pris.

Il en est ainsi de la lutte entre les classes sociales pour l'hégémonie sur l'ensemble de la société. Cette contradiction, ainsi que l'a montré Marx, est bien plus subversive que toutes les autres. Elle s'exprime sur des plans aussi différents que l'économie, la politique et la culture et met en jeu des ressources aussi bien matérielles, morales qu'intellectuelles. Il en découle qu'elle s'approprie également des idées élaborées dans les théories philosophiques.

Aussi abstraite ou générale paraisse-t-elle, une pensée philosophique est susceptible d'être récupérée par une classe sociale au bénéfice de sa cause.

Ainsi la philosophie du savoir absolu, qui enseigne la réconciliation de toutes les contradictions dans une ultime étape de l'histoire, contribue-t-elle à consolider l'autorité d'une classe dirigeante confrontée à la contestation d'autres classes insatisfaites de leur sort. Elle se retrouve donc engagée au sens le plus brutal de l'expression : elle est mise au service d'une cause particulière, érigée en instrument de conservation d'un ordre social.

Il s'en déduit qu'aucune pensée ne saurait rester indifférente à l'égard des contradictions qui caractérisent la société. Il n'existe pas de pensée neutre, impartiale ou impersonnelle. Toute pensée est susceptible de se retrouver soumise à l'intérêt d'une classe sociale.

Qu'il soit consciemment revendiqué ou non, l'engagement est, en dernière analyse, une épreuve incontournable non seulement pour la pensée en général mais aussi pour le penseur en tant qu'individu. Le penseur est certes libre d'épouser la cause d'une classe sociale autre que celle de sa naissance mais la pensée en général n'échappe pas à l'emprise des contradictions entre les classes sociales.

En somme, l'engagement, qu'il soit subi ou voulu a toujours raison, en définitive, de l'aspiration à l'autonomie de la pensée. La pensée est nécessairement vouée à se nier dans l'engagement.

Avec cette dernière affirmation, la réflexion en cours est parvenue à une position exactement opposée à la conclusion de sa précédente grande partie. Il pourrait sembler indispensable d'opérer un choix entre les deux positions mais il n'en est rien en vérité. Car il reste encore à se demander si la prise de parti, le choix entre deux causes tel qu'il intervient dans l'action politique est l'illustration achevée de l'engagement. En d'autres termes, la réflexion est invitée à présent à s'interroger sur les formes mêmes de l'engagement après avoir analysé les différentes combinaisons envisageables entre la pensée et l'engagement. La confrontation avec cette ultime préoccupation pourrait, par ailleurs, bien bouleverser la perception même de la relation entre penser et s'engager.

Il est incontestable que la politique est un domaine où l'engagement reçoit une consécration particulière. La politique divise les membres d'une même collectivité en mettant en confrontation différentes conceptions du bien commun, différentes perceptions de l'intérêt collectif. Par-delà la masse instable des électeurs qui choisissent ponctuellement un bulletin, elle engendre des partisans constants qui peuvent se regrouper en une organisation avec des objectifs, une démarche, une discipline et une direction qui lui sont spécifiques.

L'emprise des organisations politiques, des partis, sur les sociétés modernes est bien connue quand bien même elle est supposée être en déclin. L'adhésion à un projet politique permet de séparer les citoyens en amis et en adversaires. Elle conduit à une division de la société en camps opposés à l'image de la lutte qui oppose les classes sociales pour l'hégémonie.

Du reste il est compréhensible de retrouver dans la politique une manifestation privilégiée de cette contradiction fondamentale, de désigner dans un mouvement politique une organisation de classe, la médiation par laquelle une classe sociale s'élève à sa propre conscience, devient pour soi ce qu'elle est en soi. En d'autres termes, les membres d'un mouvement politique peuvent être perçus comme les éléments les plus conscients d'une classe sociale avec cette réserve qu'il demeure possible d'épouser la cause d'une classe qui n'est pas celle de sa naissance, ainsi que l'illustre l'exemple de Marx lui-même.

Il n'en demeure pas moins cependant que la politique ne saurait épuiser le sens de l'engagement. Il ne s'agit pas ici de suggérer qu'il existe des aspirations humaines plus importantes que l'engagement. Au contraire, il est possible de soutenir que toute entreprise humaine, quelle que soit sa noblesse, qu'elle soit scientifique, artistique ou religieuse, a besoin d'un engagement pour s'accomplir.

Mais, il s'en déduit qu'il est concevable de s'engager pour d'autres causes que la politique. La religion, l'art ou la science sont également des causes qui suscitent des engagements, qui engendrent des partisans et même des militants.

L'engagement est une exigence inscrite dans la relation à toute procédure de vérité. Chaque fois qu'intervient un événement qui suscite un projet destiné à transcender les limites d'un ensemble humain particulier pour s'adresser à l'humanité dans sa globalité, il provoque une mobilisation identique à l'engagement. Non seulement une vérité provoque une mobilisation autour d'elle, mais surtout, elle introduit un partage entre ses partisans et ses contempteurs. Tout comme les premiers se mettent à son service pour accompagner son accomplissement, les seconds, quant à eux, entreprennent de lui résister, voire de la nier complètement.

Il apparaît impossible de demeurer indifférent au déploiement d'une vérité.

Toute vérité, quelle que soit son origine, qu'elle soit scientifique ou artistique par exemple, introduit un clivage dans la manière habituelle, traditionnelle, de percevoir le monde. Elle instaure une rupture qui dérange, elle provoque l'attraction ou la répulsion.

Une vérité offre l'occasion à l'individu de s'arracher à la banalité de son existence quotidienne, de rompre avec l'abandon à la poursuite illimitée des satisfactions qui caractérise l'animal humain, pour se constituer en sujet, s'intégrer dans un processus qui le dépasse.

Autrement dit, la rencontre avec une vérité transforme un être quelconque en un militant. Militer signifie s'identifier à une cause, mobiliser son énergie pour contribuer à son triomphe. Le militantisme est la principale condition de l'affirmation d'une vérité.

Il n'appartient pourtant pas à l'individu de se transformer arbitrairement en militant.

Le militantisme exige une rencontre. Il désigne une expérience à travers laquelle un corps, correspondant à un ou plusieurs individus, est littéralement saisi par la force d'une conviction, par l'autorité d'une vérité. Aussi la manifestation de la vérité est-elle une condition primordiale du militantisme.

Il est exigé que quelque chose arrive quelque part avant que n'apparaissent des militants.

La vérité pour laquelle se dévoue le militant se déploie à partir d'un événement. L'événement ne se provoque pas délibérément, il surgit à partir de conditions qui échappent à la volonté. Aussi le militantisme constitue-t-il une grâce, un privilège.

Cette grâce n'a cependant pas de destinataires préétablis. À chaque individu, en toute collectivité, il est donné la possibilité de rencontrer un événement susceptible de transformer un homme sans importance apparente en militant d'une vérité qu'il engendre.

Le militantisme est une modalité de l'engagement qui se retrouve dans d'autres sphères que la politique. La politique suscite des militants, elle est certes une procédure de vérité, mais il en existe d'autres. En dehors de la politique, le philosophe contemporain Alain Badiou, pour sa part, en retient trois autres qui sont l'amour, l'art et la science.

Comme Badiou ne se préoccupe pas précisément de réfléchir sur l'engagement, il oublie de prendre en compte la religion et surtout la philosophie elle-même.

Car il convient d'éviter de soumettre directement la philosophie à la politique, de voir en la pensée un simple outil de l'engagement politique. Il ne s'agit pas ici de suggérer que la philosophie est elle aussi susceptible d'engendrer des militants comme la politique.

Plus radicalement, il est laissé à entendre ici que la philosophie implique une forme d'engagement plus profonde que la politique ou même la religion. Cet engagement est qualifié, dans un ouvrage publié depuis une dizaine d'années maintenant[7] de « fondamental » par opposition à l'engagement « militant ».

Le militantisme, qu'il soit politique, religieux ou artistique, reste une modalité de l'engagement. Cette modalité est certes la plus bruyante, la plus visible, la plus frappante au sens littéral, mais elle n'est pas la seule. En deçà ou au-delà de l'engagement militant se trouve l'engagement fondamental.

Le militantisme assigne un contenu déterminé à l'existence, il s'attache à un projet en écartant d'autres, le socialisme contre le capitalisme, le catholicisme au lieu du protestantisme par exemple.

L'engagement fondamental quant à lui concerne l'orientation même de l'existence, la conviction qu'elle a ou qu'elle n'a pas de sens. La philosophie soutient la conviction que l'existence garde un sens quelles que puissent être les épreuves auxquelles elle se retrouve confrontée.

Il n'est pas nécessaire d'être un psychologue pour prendre la mesure de l'importance de cette conviction. Chaque vie humaine, à un moment ou à un autre, se retrouve confrontée à la tentation du désespoir, au sentiment de sa propre inconsistance.

Il se trouve même des penseurs, surtout à l'époque contemporaine, pour vouloir ériger ce sentiment de l'inconsistance en expérience fondamentale, en vérité de l'existence. Ils considèrent que, parce que toute existence est finie, toute entreprise humaine est nécessairement vaine. Pour eux, les projets humains s'équivalent dans leur vanité, aucune occupation n'est d'une dignité particulière. En somme, l'existence de leur point de vue, est essentiellement absurde, vouée à l'incohérence, condamnée à la violence.

L'engagement fondamental constitue la réponse philosophique appropriée à un tel nihilisme. Il révèle que le sentiment de l'inconsistance reste une expérience passagère. L'existence est bâtie d'épreuves certes, mais elle garde un sens ; en d'autres mots plus prosaïques, « la vie mérite d'être vécue ».

Il en est ainsi parce que la finitude de l'existence n'empêche pas de s'attacher à elle. Mieux, elle n'interdit pas que des œuvres humaines traversent le temps, survivent à leurs auteurs. L'attachement à l'existence trahit la conviction que, par-delà les

---

[7] (M.) Savadogo, *Philosophie et existence*, Paris, L'Harmattan, 2001.

échecs, toute existence est susceptible de triompher de sa propre fragilité, de se donner une consistance. L'existence n'est pas condamnée au non-sens.

Mais, le sens qui est susceptible de l'orienter n'est pas une grâce qui lui tombe de l'extérieur. Il n'est pas nécessaire de croire en un être transcendant ou même de militer pour une cause pour admettre qu'exister a un sens. Il faut cependant être capable d'engagement. Pas seulement d'une adhésion ponctuelle, passagère, à une action, mais d'un engagement d'autant plus important qu'il n'a pas besoin d'agitation, un engagement définitif qui implique l'existence dans son unité.

Tel est l'engagement fondamental. Il ne s'adresse pas à une catégorie particulière d'hommes au détriment d'une autre, mais à tous les hommes sans distinction. Il ne discrimine pas des élus, qu'ils soient prédestinés ou pas ; il n'est pas à percevoir comme un phénomène extraordinaire. Il ne s'identifie pas, par exemple, à la conversion qui se désigne comme un événement solennel.

Pour être fondamental cet engagement n'en demeure pas moins quotidien. Il s'exprime à travers des actes de la vie normale tels que parler, penser, agir et décider. À travers tous ces actes, l'homme peut s'efforcer d'assigner un sens à l'existence, de suivre une ligne de conduite permettant de conjurer l'imprévisibilité, la déception et, au bout du compte, le désespoir. Autrement dit, le sens de l'existence se conquiert par la médiation des gestes les plus simples.

* *

*

Il reste bien entendu que l'engagement militant est en mesure de préparer l'individu à la sérénité silencieuse de l'engagement fondamental. Telle est d'ailleurs sa principale justification. Celui qui épouse une cause au point de s'identifier à elle aboutit à donner une cohérence à son existence, à lui assigner un sens. Adhérer à une cause procure une orientation aux actes de l'individu. Cela l'entraîne à se forger une personnalité, à se bâtir un caractère par-delà le tempérament, pour reprendre ici la célèbre distinction kantienne.

Le militantisme peut cependant se justifier de différentes manières. L'engagement fondamental, quant à lui, en appelle à la raison. Il traduit la conviction qu'en définitive, aussi bien à l'échelle de la vie individuelle qu'à celle de la collectivité, il revient au sens de l'emporter sur le non-sens. Aussi, impose t-il à l'individu tout comme à la collectivité de tout mettre en œuvre pour soutenir cet objectif.

L'engagement fondamental révèle en dernière analyse une décision pour le sens qui mobilise l'individu philosophe et soutient l'élaboration de la pensée.

Autrement dit, la réflexion philosophique elle-même repose sur l'engagement fondamental. Philosopher exige une décision pour le sens. Cette décision est l'ultime condition du développement de toute pensée.

Avec cette dernière affirmation, la présente réflexion est vraiment parvenue à son terme, elle tient sa conclusion : penser l'engagement revient, en définitive, à engager la pensée.

Par-delà son expression ostentatoire dans le militantisme, l'engagement reste le ressort sur lequel repose toute entreprise humaine qu'elle soit théorique ou pratique.

Chapitre II : La rencontre et l'engagement

L'expérience de l'engagement révèle qu'il a une genèse dont le point de départ coïncide avec une rencontre. Mais la rencontre elle aussi se prépare à travers l'histoire de la collectivité aussi bien que celle de l'individu.

Il est inévitable de commencer par reconnaître, à la lecture du titre du présent propos, que le rapprochement entre les deux notions qu'il réunit est loin d'être évident : quel lien pourrait-il bien exister entre l'engagement d'un côté et la rencontre de l'autre ?

La surprise suscitée par le titre est d'autant plus forte que, à la différence de l'engagement qui constitue apparemment un concept familier de la philosophie contemporaine, la rencontre, quant à elle, n'a pas souvent été explicitement thématisée dans des œuvres connues. Que faut-il donc entendre par rencontre pour se proposer de confronter la rencontre et l'engagement ?

Avant même de s'employer à déterminer davantage la notion de rencontre, il est utile de remarquer qu'elle suggère une confrontation entre deux êtres différents, ou du moins séparés, alors que l'engagement, quant à lui, évoque une attitude qui se rapporte à un individu ou à un groupe envisagé comme une entité autonome. Engagement et rencontre semblent ainsi n'entretenir aucun rapport.

Il convient cependant de nuancer cette observation. Car, à la réflexion, il s'avère que l'engagement n'est pas une attitude quelconque ; il confère une consistance particulière, une personnalité, à un individu ou à un groupe.

La rencontre également ne se réduit pas à un face à face qui laisse indifférents les êtres qui le vivent ; bien au contraire, elle est susceptible de provoquer un bouleversement de la vie entière d'un individu ou d'un groupe.

En envisageant ainsi, pour commencer, le contenu de ces deux notions, il apparaît légitime de se demander s'il ne faut pas une rencontre pour susciter un engagement : la rencontre ne constitue t-elle pas le choc qui conduit à l'engagement ?

Ou faut-il considérer au contraire qu'il revient à l'engagement de préparer à la rencontre ?

La discussion radicale de ces questions essentielles exige de s'appliquer à élaborer le sens du rapport entre ces deux notions par-delà celui auquel l'usage et même l'histoire de la philosophie nous prépare.

* *

*

Il semble difficile, de prime abord, de trouver un lien entre le phénomène que vise la notion de rencontre et celui qui se profile derrière celle de l'engagement. Comme indiqué plus haut dans l'introduction du présent propos, la rencontre paraît désigner une mise en relation de deux êtres indépendants l'un de l'autre. Elle se donne apparemment pour une relation extérieure qui n'affecte aucunement les termes qu'elle implique. Deux ou plusieurs êtres se rencontrent et se séparent sans garder une trace particulière de cet acte.

Cette vision de la rencontre, qui la réduit à une relation purement extérieure, est d'autant plus justifiée qu'il s'impose une distinction entre la rencontre et le rendez-vous. Il est vrai que le rendez-vous est une forme de rencontre. Cette forme pourrait sembler être l'illustration même de la rencontre dans la mesure où elle implique une entente scellée par avance, une convention qui précède le face à face entre deux êtres.

Le rendez-vous n'est cependant pas exactement identique à la rencontre. Précisément parce qu'il est fixé d'avance, parce qu'il est convenu. La rencontre en effet est essentiellement imprévisible, fortuite. La rencontre au sens propre exclut la prévision, elle suppose que la relation entre deux êtres n'est pas fixée d'avance, convenue ou programmée. Aussi se traduit-elle par la surprise alors que le rendez-vous, quant à lui, rassure, il confirme une attente qui le précède de telle sorte que son respect est perçu comme étant naturel, normal. Respecter un rendez-vous n'a rien d'extraordinaire, alors que, au contraire, manquer un rendez-vous est un acte exceptionnel qui suscite la curiosité voire l'inquiétude.

À l'opposé, la rencontre est inattendue, elle vous tombe littéralement dessus, au moment où l'on ne s'y attend pas. Il semble exclu de pouvoir se préparer à une rencontre alors que le rendez-vous, lui, est toujours prévu, fixé à l'avance. Contrairement à l'impression dominante, ce n'est pas le rendez-vous qui prépare à la rencontre mais la rencontre qui constitue l'occasion de fixer le rendez-vous. Il faut d'abord se rencontrer, entrer en contact d'une certaine manière, avant de s'entendre autour d'un rendez-vous.

La rencontre renvoie ainsi au premier contact entre deux ou plusieurs êtres, elle désigne le commencement d'une relation.

Il apparaît cependant possible de relativiser le caractère inaugural de la rencontre. Chaque être en effet a une histoire qui le prédispose à poser certains actes, qui l'entraîne à se retrouver dans certaines situations. Chacun est né quelque part, fils d'une famille, membre d'une catégorie professionnelle, élément d'une classe sociale, adepte d'une confession, partisan d'une cause politique ou, tout au moins, citoyen d'un État...

Tous ces ensembles nous modulent, façonnent nos goûts, déterminent nos fréquentations. En fonction de notre enracinement social, de nos ressources matérielles ou plus exactement de nos moyens financiers, il est des endroits dont la fréquentation est hors de notre portée, de telle sorte qu'il ne nous est même pas permis de rêver y entrer, à plus forte raison y rencontrer quelqu'un. Toute rencontre semble ainsi déterminée par une histoire qui la précède et qui dessine d'avance aussi bien les lieux que les moments où elle est susceptible de se dérouler. Une rencontre est toujours située, inscrite dans un espace et un temps précis, elle intervient ici et maintenant et non ailleurs et plus tard.

Pourtant, même en prenant en considération ces indications, en acceptant qu'une rencontre dépend de conditions qui la déterminent, il reste que la rencontre au sens propre surprend toujours, qu'elle demeure un acte littéralement imprévisible. Faut-il donc considérer que la rencontre est essentiellement inexplicable, voire mystérieuse ?

Il est vrai que la rencontre est en principe fortuite, mais elle n'est cependant pas mystérieuse. Il convient ici d'introduire une distinction entre la rencontre et l'appel. L'appel suggère de prime abord une force qui entraîne un être vers un but dont il n'a pas suffisamment conscience. Le destinataire de l'appel est emporté par une quête qui l'habite et qui le pousse d'un but à un autre jusqu'au moment où il rencontre le but qui le comble. Il sent ce qui l'habite à défaut de pouvoir l'exprimer clairement. L'appel est certes moins conventionnel que le rendez-vous mais la quête qui le caractérise est bien sensible chez son destinataire.

Par contre, il semble défier toute explication, transcender l'ensemble des conditions qui marquent l'histoire d'un individu. L'appel est précisément une force qui incite à triompher des conditions qui nous déterminent pour accomplir quelque chose d'exceptionnel, vivre un événement extraordinaire. Cette force est justement attribuée à une puissance transcendante qui guide l'homme malgré lui. Aussi l'appel renvoie-t-il à l'idée de destin qui constitue un thème central de la tragédie, notamment celle de la période antique, avec des auteurs tels qu'Eschyle et Sophocle.

Il est intéressant de noter que cette tragédie antique met généralement en scène des héros qui défient des dieux et se retrouvent punis. La relation à la transcendance ou à la divinité est une caractéristique essentielle du destin ou de l'appel. Aussi se distingue-t-il clairement de la rencontre.

La rencontre n'implique pas une relation à une force transcendante, elle ne suppose pas l'existence d'un Dieu qui domine les actes de l'homme. Certes, la parole de Dieu, telle qu'elle est censée s'exprimer dans les ouvrages sacrés et qu'elle est interprétée par les fidèles, est susceptible de provoquer une rencontre, mais la rencontre peut aussi se rapporter à des phénomènes désacralisés ou même à une parole athée.

Quel que soit le sujet auquel elle se rapporte, une personne, un groupe, une œuvre, un animal, une plante ou une pierre, la rencontre se caractérise par sa portée inaugurale et surtout par l'effet qu'elle produit chez son destinataire. Une rencontre ne laisse jamais indifférent. Elle affecte celui qui la vit, elle laisse sur lui une empreinte, une trace. Autrement dit, par-delà la surprise qu'elle crée, une rencontre bouleverse son sujet, elle le secoue, le déstabilise.

Il est significatif de noter que l'expérience de la rencontre impose généralement le silence ou l'exclamation dans un premier temps ; elle provoque une perte de ses mots, elle réduit le langage à l'impuissance.

Cette déstabilisation du sujet n'est cependant jamais définitive, elle laisse rapidement place à une curiosité qui souligne la différence entre la rencontre et le mystère. La rencontre suscite l'envie d'en savoir plus, elle provoque le désir de se rapprocher de l'être rencontré, voire de s'attacher à lui.

Il n'est cependant pas nécessaire que ce rapprochement ou cet attachement intervienne pour que la rencontre produise son effet. Une seule fois suffit pour qu'une rencontre marque un individu. Quand bien même elle n'a plus l'occasion de se reproduire, la rencontre reste susceptible de laisser une empreinte durable.

En plus d'être fortuite, elle est donc essentiellement unique.

Les rendez-vous qui succèdent à une rencontre et qui engendrent une relation durable n'effacent jamais l'impact de la première confrontation, l'effet de la découverte.

La gratuité et l'unicité de la rencontre contribuent ensemble à justifier qu'elle se retrouve clairement dissociée de l'engagement. L'engagement en effet renvoie à l'accoutumance, il se consolide grâce à la répétition, il se fortifie par l'habitude. S'engager suppose une résolution qui se répète régulièrement. Une seule fois ne suffit jamais pour traduire un engagement. L'engagement s'exprime par un attachement à sa parole qui, une fois commencé, n'arrête pas de se reproduire. Alors que la rencontre est imprévisible, l'engagement quant à lui a pour effet de rendre prévisible le comportement d'un individu. Celui qui s'engage s'efforce de rester fidèle à ce qu'il dit, il érige la conformité entre son discours et son comportement en principe directeur de sa conduite.

L'engagement confère à un individu une constance qui semble le mettre à l'abri de tout bouleversement, de toute déstabilisation. Il s'oppose ainsi directement à la possibilité même de la rencontre dans la mesure où celle-ci engendre précisément une déstabilisation de l'individu. Être engagé ne saurait, certes, prémunir contre la surprise impliquée par la rencontre mais il provoque une constance dans le comportement qui résiste contre l'inattendu.

En définitive, il convient de considérer que l'engagement et la rencontre s'opposent radicalement et s'excluent même mutuellement. La rencontre ne produit de l'effet que sur une personnalité insuffisamment ferme ; elle se heurte à la constance que provoque l'engagement.

*   *

*

Avec cette dernière assertion, la réflexion en cours est parvenue à conquérir une position claire sur la question du rapport entre la rencontre et l'engagement en les opposant radicalement. Bien que justifiée, cette position n'est cependant pas insurmontable. Elle conduit plutôt à se demander comment l'engagement vient à naître : n'y a-t-il pas un déclic, un choc, qui prépare à l'engagement ? Faut-il considérer au contraire que l'accès à l'engagement est essentiellement imprévisible ?

Il suffit de formuler cette dernière question pour se sentir obligé de lui réserver une réponse négative. Non, l'accès à l'engagement n'est pas imprévisible. L'engagement a une genèse, il se construit à partir d'une origine, il se mûrit, se fortifie, se consolide.

L'exemple de l'engagement politique le montre bien.

L'engagement politique désigne globalement l'adhésion à une conception du bien commun, à une vision de l'intérêt collectif ou, pour le dire dans un langage plus consacré, « un projet de société ». Cette vision s'incarne généralement dans un mouvement ou une organisation qui la défend, qui se charge de la promouvoir. Dans la vie politique moderne ce mouvement coïncide avec un parti ou un regroupement de partis. Le parti politique s'affiche clairement comme une organisation qui poursuit la conquête de la direction de la vie collective afin de mettre en œuvre la conception de l'intérêt commun qu'il incarne.

Le parti politique est lui-même structuré, il est soumis à une division des rôles, il a une base et un sommet, des militants et des dirigeants.

À l'évidence, le niveau d'engagement du dirigeant est supérieur à celui du militant de base. Le dirigeant est non seulement le représentant attitré d'un parti, mais surtout, il est censé s'identifier particulièrement à la cause qu'il défend.

Il est tenu de prendre des initiatives pour permettre à cette cause d'avancer.

Sa responsabilité dans le succès ou l'échec de l'action de son organisation est ainsi plus grande que celle du militant de base.

Le militant de base exécute des initiatives qui sont prises au-dessus de lui. Son attachement à son parti est certes constant, régulier, mais l'orientation de celui-ci dépend moins de lui. En d'autres termes, il se retrouve à un degré moindre de responsabilité que le dirigeant dans l'évolution de son organisation.

À son tour cependant, le militant est plus avancé dans l'attachement au parti que le simple sympathisant.

Le sympathisant partage les idées d'un parti sans y adhérer organiquement. Il soutient ponctuellement certaines de ses actions mais il garde une distance qui lui interdit de partager la responsabilité de l'évolution du parti. Par exemple, il est susceptible de lui apporter un soutien financier à tel ou tel moment mais il n'est pas prêt à payer des cotisations régulièrement ainsi qu'il est attendu du militant.

À son niveau, le sympathisant se tient pourtant à un degré plus élevé de proximité avec le parti que l'électeur.

L'électeur est capable d'accorder sa voix à un parti lors d'une consultation sans pour autant adhérer à son programme politique d'ensemble. Il se décide en fonction de son sentiment du moment qui n'est pas à confondre avec une conviction. Il est ainsi essentiellement instable, inconstant.

L'électeur, le sympathisant, le militant et le dirigeant bâtissent ensemble des niveaux différents de l'engagement politique.

Ces niveaux désignent des degrés d'approfondissement de l'engagement, ils constituent des étapes par lesquelles l'individu se doit de passer pour témoigner de son attachement, de sa fidélité à une cause politique. Le temps exigé pour éprouver son engagement n'est certainement pas le même d'une étape à une autre mais il est manifestement impossible de sauter toutes les étapes pour se retrouver directement au niveau le plus élevé. L'exemple de l'engagement politique illustre bien la possibilité d'un approfondissement, d'une maturation, de l'engagement[8].

Cet approfondissement ou cette maturation commence cependant quelque part par quelque chose. Quel est cet événement susceptible d'engendrer l'engagement ?

La réponse à cette autre question ne semble pas bien difficile à trouver. En reprenant l'exemple de l'engagement politique, il apparaît qu'une émission, une manifestation, un meeting, une réunion, une discussion ou un texte sont des données susceptibles chacune de le provoquer. En d'autres termes, ces données constituent des occasions de rencontre.

Elles offrent une entrée dans un domaine, un contact avec une préoccupation ou une personne. La rencontre est identique à ce

---

[8] Le modèle retenu ici est à l'évidence celui du parti de militants et non de simples adhérents. Ce modèle est bien sûr plus intéressant pour une réflexion sur l'engagement.

contact à partir duquel un individu se met à s'intéresser à un sujet ou une personne. Elle se révèle être le déclic, le choc, qui mène à l'adhésion à une cause, qui aboutit à l'engagement.

Il convient à présent de s'arrêter pour bien préciser ce chemin qui conduit de la rencontre à l'engagement.

Il a déjà été indiqué plus haut au cours du présent propos que la rencontre produit un effet particulier sur son destinataire. Le sens de cette indication devient maintenant plus compréhensible. La rencontre n'est pas un contact quelconque, une expérience ordinaire.

Elle marque son destinataire, elle s'identifie, en d'autres termes, à un événement.

La rencontre porte un message, elle véhicule une signification, elle interpelle.

En principe, cette interpellation, ainsi que le suggère encore l'exemple de la politique, s'adresse à une multitude d'individus, voire à une collectivité entière ou même à l'humanité dans son ensemble. Mais elle ne sera pas entendue par tous. Pour différentes raisons, certains seront enclins à l'ignorer, à la méconnaître, ou même à la rejeter complètement.

Globalement, ces raisons tiennent à l'histoire de chacun. Comme il a déjà été montré, chaque homme est pris dans des ensembles qui déterminent son regard et qui peuvent l'empêcher de prêter attention à un sujet ou à une personne. Chaque individu est exposé à ce risque de se laisser écraser par sa propre histoire, à cette menace de devenir insensible à toute découverte. Il est vrai que l'engagement lui-même est susceptible de conduire à ce résultat quand il finit par se sédimenter en habitude, quand il dégénère en rituel.

Mais, paradoxalement, il revient à la rencontre de réhabiliter l'engagement, de l'empêcher de se scléroser, de le tenir vivant. Il en est ainsi précisément parce que l'engagement trouve principalement son origine dans la rencontre. Celui qui prête attention à l'interpellation de la rencontre y décèle une vérité. Il découvre un indice qui l'entraîne hors de lui-même, qui l'amène à se dépasser pour entrer en relation avec d'autres, s'intégrer dans un processus qui relie différents individus au-delà des ensembles habituels, par-delà son environnement immédiat. Une vérité est un processus qui entraîne l'individu hors de ses limites ordinaires. La vérité convoque son destinataire, elle le provoque, à se mettre à son service, à contribuer à sa diffusion. En d'autres termes, elle transforme un être ordinaire, apparemment sans importance, en serviteur d'une cause, en militant.

Le militantisme est la forme la plus visible, la plus frappante au sens littéral, de l'engagement. Le militant est l'homme qui s'est identifié à une cause et qui mobilise son énergie pour œuvrer à son triomphe. Le militantisme bouleverse la vie d'un homme, il l'arrache à la banalité quotidienne, à la poursuite de l'intérêt immédiat pour la soumettre à une idée, un idéal ou une œuvre.

En devenant militant, l'individu se rend étranger à lui-même. Ce dépaysement trouve son origine dans une rencontre. La rencontre est ainsi la source de l'engagement tel qu'il s'exprime dans le militantisme.

Il est mal indiqué de vouloir opposer la rencontre et l'engagement. Sans rencontre, pas d'engagement. Il importe de le répéter pour finir : la rencontre porte le déclic qui mène à l'engagement.

*   *

*

Avec cette dernière affirmation, la réflexion en cours vient de basculer d'une position à une autre. De l'opposition de la rencontre et de l'engagement, elle a abouti à leur imbrication, elle est parvenue à établir un lien entre ces deux phénomènes. Elle pourrait s'arrêter là, mais il reste encore à se demander ce qui rend possible l'attention à l'interpellation de la rencontre : n'est-elle pas préparée par une forme d'engagement, à dissocier il est vrai, du militantisme ? Le militantisme est-il l'unique mode de l'engagement ?

Là aussi, il suffit de formuler cette question pour se sentir enclin à lui donner une réponse négative. Il est vrai que le militantisme est la forme la plus bruyante de l'engagement, celle qui attire le plus l'attention, mais il paraît évident que cette forme n'est pas la seule.

Il n'est pas question ici de remettre en cause l'importance de l'engagement, de suggérer qu'il existe des occupations humaines d'une dignité supérieure à l'engagement. Au contraire, il est possible de montrer que toute entreprise humaine de grande portée suppose à sa base un engagement qui le supporte.

Mais cet engagement ne prend pas nécessairement la tournure ostentatoire que revêt le militantisme. L'engagement peut rester intérieur, englober le rapport de l'individu à ses propres choix et aboutir à des œuvres extérieures sans déboucher sur une revendication militante. L'action militante, telle qu'elle s'exprime dans les partis politiques ou les organisations dites de la société civile, a l'avantage de regrouper une multitude d'individus autour d'une cause, ce qui lui donne une exposition particulière, mais elle n'est certainement pas plus profonde que l'engagement qui assigne une orientation à la vie d'un individu en se traduisant par une œuvre.

L'activité créatrice qui suppose une identification de l'individu à son œuvre suggère une forme d'engagement qui ne se confond pas avec le militantisme. Non seulement elle implique une foi en l'œuvre créée, mais surtout elle trahit une lutte avec l'existence pour lui donner un sens, lui assigner un but.

Ce combat pour donner un sens à l'existence dans son ensemble, par-delà les péripéties auxquelles elle se retrouve confrontée, définit un engagement qualifié de fondamental par opposition à l'engagement militant.

L'engagement militant s'attache à une cause particulière telle que, par exemple, le socialisme contre le capitalisme alors que l'engagement fondamental concerne le sens de l'existence dans son unité.

Il s'agit de se convaincre que l'existence a un sens, qu'elle n'est pas seulement vouée à la violence, condamnée à l'absurdité. Cette conviction, malgré son importance, ne va malheureusement pas de soi car il est facile de tirer argument de l'expérience de la finitude pour soutenir que tout projet humain est vain en définitive, que toutes les entreprises humaines se rejoignent dans leur inconsistance.

La conviction que l'existence a un sens, que la vie mérite d'être vécue malgré les épreuves, prépare l'individu à la possibilité de la rencontre. Il a déjà été indiqué que la rencontre porte un message, qu'elle adresse une interpellation. Il a été ensuite précisé que cette interpellation sera ignorée ou méconnue par certains et reconnue, entendue par d'autres. Les raisons de cette alternative ont été cherchées jusque là dans l'histoire de chaque individu.

À présent il apparaît que, par-delà les aléas contingents d'une histoire personnelle, la reconnaissance de la rencontre se rattache à une conviction fondamentale, une vision de l'existence. Celui qui désespère de l'existence, qui considère que rien en elle n'a fondamentalement de l'importance, celui qui pense que le cours des événements est marqué du sceau de l'absurdité, ne sera jamais attentif à une interpellation quelconque, il restera fermé à la possibilité même d'une rencontre.

L'ouverture à la possibilité de la rencontre s'enracine dans l'engagement fondamental qui maintient que l'existence garde un sens malgré toutes les épreuves auxquelles elle est exposée.

Il s'agit bien d'un engagement et non d'une grâce ou d'un privilège réservé à une minorité. Cet engagement est appelé à s'exprimer dans des actes aussi simples de la vie que parler, penser, agir et décider ainsi que le montre *Philosophie et existence*[9] publié depuis une dizaine d'années maintenant.

Le sens que l'existence est censée porter ne descend pas d'une force transcendante qui est supposée dominer l'homme. Non, il n'est pas nécessaire de croire en un Dieu pour se convaincre que la vie est digne d'être vécue, que l'existence garde un sens. Le sens de l'existence n'est pas imposé, il n'est même pas donné, il est conquis.

Il est conquis contre les épreuves, contre la violence, contre la tentation du désespoir.

Cette conquête n'est pas, il faut le rappeler, un tour de magie à réussir. Par-delà les grandes œuvres qui marquent l'humanité et qui témoignent du génie de l'homme, elle se retrouve dans les actes de l'existence quotidienne énumérés tantôt. En d'autres termes, la conquête du sens de l'existence est accessible au plus humble des hommes tout comme au plus célèbre des génies. La créativité transitive qui s'exprime dans les œuvres n'est pas plus profonde

[9] (M.) Savadogo, *Philosophie et existence*, Paris, L'Harmattan, 2001.

que l'autocréation de l'individu par la médiation de l'engagement fondamental ainsi que le rappelle un tout récent ouvrage[10].

La distinction entre création transitive et autocréation, entre le génie et l'homme de conviction est d'autant moins importante que, d'une manière générale, la conquête du sens par l'engagement, à travers les actes indiqués plus haut, prépare à la rencontre.

L'engagement fondamental détermine un optimisme qui rend sensible à la découverte, qui encourage l'individu à ouvrir l'œil sur, ou, à tendre l'oreille à, une interpellation. Toute rencontre a besoin d'une oreille qui l'écoute ou d'un regard qui se pose sur elle. L'engagement fondamental prédispose l'œil et l'oreille pour qu'ils se laissent conquérir par la rencontre. Mais, à son tour, la rencontre sonne le déclic qui mène à l'engagement militant.

Il se découvre ainsi, en dernière analyse, un lien entre engagement fondamental et engagement militant.

Le premier supporte le second, il le fonde, le rend possible ; mais, à son tour, le second renvoie au premier, il fait signe vers lui, il le suggère, le symbolise.

Par-delà le lien entre engagement fondamental et engagement militant, il s'avère que la relation entre la rencontre et l'engagement, d'une manière générale, est circulaire. L'engagement prédispose à la rencontre et la rencontre provoque l'engagement.

Il convient cependant de rappeler, pour terminer, que ce cercle n'est pas vicieux : l'engagement avant la rencontre n'est pas identique à l'engagement à partir de la rencontre. Les deux se complètent sans se confondre.

En d'autres termes, par la médiation de la rencontre, la sérénité silencieuse de l'engagement fondamental et l'affirmation bruyante de l'engagement militant se rejoignent en restant séparés. Il est vrai que ce qui s'exprime souvent dans le cri du militant n'est rien d'autre que la quête du sens sous la forme du rejet de l'injustice et ses déclinaisons que sont la domination, la discrimination et l'exploitation, sens sur lequel veille précisément l'engagement fondamental.

---

[10](M.) Savadogo, « Ethique et création » in *Création et existence*, Presses universitaires de Namur, 2009.

La décision pour le sens dans l'engagement fondamental porte la justification de la protestation contre l'injustice dans l'action militante.

Toute action militante ne vise cependant pas nécessairement le progrès social. Là se maintient l'écart entre l'engagement fondamental qui poursuit le sens et l'engagement militant qui est susceptible de se retourner contre lui.

La rencontre, notamment celle de la victime ou du héros, est l'opération par laquelle s'accomplit la traduction de l'engagement fondamental pour le sens en protestation militante contre l'injustice sur le terrain de la vie collective.

En somme, la réflexion sur la rencontre permet à la philosophie d'entrevoir le passage qui mène de la philosophie fondamentale à la philosophie appliquée.

DEUXIEME PARTIE

Chapitre III : Croire et s'engager

Il existe différentes manières de s'engager mais, en définitive, l'engagement traduit une confiance en l'aptitude de l'homme à triompher de ses propres limites.

Il est intéressant de noter, pour commencer, que le titre du présent propos intrigue sans surprendre. Il semble normal, en effet, de rapprocher croyance et engagement car il est connu qu'il existe une forme institutionnalisée d'engagement suscitée par la croyance.

Le titre cependant intrigue car, à le lire, il vient à l'esprit qu'il n'invite pas seulement à réfléchir sur le type d'engagement engendré par la croyance mais aussi et surtout à confronter l'attitude du croyant à celle de l'engagement d'une manière générale.

En admettant que la croyance puisse susciter un engagement, faut-il encore, en retour, considérer que le sens de l'engagement s'épuise dans la foi ?

À l'évidence, cette question appelle une réponse négative : le sens de l'engagement ne s'accomplit pas dans l'attitude du croyant. Cette réponse impose cependant de se préoccuper de comprendre le type même d'engagement que provoque la croyance : en quoi croire est-il une manière de s'engager ?

Quel rapport convient-il de soupçonner entre cette forme de l'engagement et d'autres ?

Faut-il la tenir pour primordiale, essentielle ou au contraire seconde, négligeable ?

La quête d'une réponse à ces questions essentielles exige de se confronter, à nouveaux frais, aux notions elles-mêmes pour percer leur sens par-delà le fardeau que l'héritage des doctrines impose à la réflexion.

* *

*

Avant de s'employer à comprendre quel rapport il convient d'établir entre la croyance et d'autres formes éventuelles de l'engagement, il importe d'abord de commencer par déterminer dans quelle mesure la croyance constitue une forme d'engagement, croire s'identifie à s'engager.

Or la réponse à cette préoccupation ne va pas de soi. En effet, s'il est connu, à travers notamment le phénomène des ordres religieux, que la croyance est susceptible d'engendrer un genre d'engagement, il n'en demeure pas moins que l'attitude même de la croyance, l'acte de croire, semble plus suggérer un abandon ou un don de soi qu'un engagement.

L'engagement renvoie effectivement, de prime abord, à une résolution, à une détermination qui traduit une force de la volonté alors que la croyance, quant à elle, semble suggérer une abdication de la volonté, une soumission à une force qui transcende la condition humaine dans son ensemble.

Croire signifie communément s'en remettre à une puissance transcendant l'homme pour rendre compte des événements qui marquent le cours du monde. L'attitude du croyant se retrouve systématiquement promue dans la religion qui met en relation l'homme avec un ou plusieurs êtres qui le dominent. La croyance impose à l'homme une forme d'humilité qui l'empêche de vouloir s'ériger en maître du monde, qui lui interdit de se percevoir en unique initiateur des événements qui bâtissent son histoire.

Non seulement l'acte de croire conduit à la supposition d'une puissance au-dessus de l'homme, mais surtout elle implique, exige essentiellement la soumission à cette puissance.

Supposer qu'il existe une force neutre ou impersonnelle au-dessus de l'humanité, une force qui ne s'adresserait pas à l'homme pour lui montrer son autorité ne permet pas de susciter l'attitude de la croyance.

Il est intéressant de relever à ce sujet que toutes les grandes religions monothéistes reposent sur une parole supposée provenir de Dieu lui-même qui exige d'être reconnue pour son autorité. La reconnaissance de l'autorité de la parole divine est une condition essentielle pour pouvoir revendiquer son inscription dans une communauté religieuse, se donner une identité de croyant : le chrétien a sa Bible et le musulman son Coran.

Il en est ainsi parce que cette reconnaissance s'identifie à un acte d'allégeance, de soumission au sens littéral, à une réalité qui dépasse l'homme. Elle implique de se référer à Dieu comme à un Être suprême, de trouver en lui, en d'autres termes, le principe ultime de justification de tout ce qui arrive ici bas.

Non seulement la puissance divine s'exerce sur les grands événements qui concernent une collectivité humaine dans sa totalité ou l'humanité dans son ensemble, mais aussi, elle s'étend également jusqu'aux moindres péripéties de la vie personnelle, individuelle, du croyant.

Ainsi le bonheur et le malheur individuels reçoivent leur ultime justification de la volonté divine. Le croyant n'attribue pas seulement à Dieu les grands succès ou les catastrophes de l'humanité, il s'en remet aussi à lui pour les joies et les peines de sa vie quotidienne.

Par conséquent, le dévouement même à la cause de la religion, sous la forme de l'enrôlement dans les ordres, se doit d'être vécu à la manière d'un commandement irrésistible, perçu comme un appel provenant du Tout Puissant lui-même.

Aussi n'est-il pas bien indiqué de l'identifier, de ramener le dévouement à Dieu à travers l'intégration aux ordres religieux, à un engagement au sens ordinaire.

Au sens propre, ce n'est pas un engagement car l'individu n'est pas censé se décider de lui-même, arbitrairement, à rejoindre une communauté religieuse. Il doit être appelé.

Cette notion d'appel est essentielle pour penser l'accès au service de Dieu, notamment dans la religion catholique où il se retrouve systématiquement organisé.

Il est bien connu que n'entre pas dans les ordres qui veut.

L'accès au titre de serviteur de Dieu est soumis à une préparation rigoureuse qui s'étale sur plusieurs années. La longueur de cette préparation est précisément supposée laisser le temps à ceux qui se sont trompés de chemin, ceux qui sont venus sans être appelés, de se ressaisir, de revenir de leur égarement.

Nul n'a le droit d'entrer dans le service de Dieu par précipitation, par simple mimétisme ou encore moins par dépit. Il faut se donner le temps de bien mûrir sa vocation, ce qui se traduit par la disponibilité à franchir plusieurs épreuves, à commencer par celle de la patience.

Au bout du compte, il s'avère que la volonté humaine à elle seule, l'engagement entendu comme la détermination à accomplir un projet, ne suffit pas pour relever le défi de la préparation au service de Dieu. Seuls ceux qui auront véritablement été appelés, ceux qui sont portés par une force qui les dépasse, seront en mesure de se consacrer définitivement au service de l'Être suprême.

Paradoxalement, la docilité face à une puissance irrésistible constitue l'impulsion qui incite le serviteur de la cause divine à s'éloigner de toutes les attaches terrestres pour se retirer dans une communauté, une congrégation ou une compagnie, à résister contre toutes les tentations qui se dressent sur le chemin de sa vocation.

La force de cette incitation identifiée à un appel, avec toutes les contraintes qu'elle impose, soumet la personnalité du croyant à une détermination comparable à l'engagement.

En d'autres termes, la croyance, lorsqu'elle s'approfondit jusqu'à aboutir au dévouement à Dieu à travers l'implication dans une communauté religieuse, devient facilement assimilable à une forme d'engagement.

Il est vrai que, apparemment, l'engagement semble s'opposer à la croyance dans la mesure où il est supposé traduire la puissance d'une volonté qui s'est attachée à un but et qui mobilise toute l'énergie de l'individu en vue de l'atteindre. L'engagement a pour principal effet d'engendrer une ligne de conduite au sens littéral de l'expression, d'entraîner l'individu à se détourner de tout ce qui ne concourt pas à l'accomplissement de son objectif, d'instaurer une hiérarchie entre ses visées au sommet de laquelle se retrouve l'objet de son engagement.

Cet attachement à un but, cette concentration de la volonté autour d'un objectif qui caractérise l'engagement, s'avère cependant, paradoxalement, d'autant plus facile à accomplir que l'individu se soumet à une puissance sensée le guider. La croyance suscite une forme d'engagement parce que la volonté du serviteur qui obéit à un appel est aussi forte, sinon plus forte, que celle de celui qui se croit maître de sa destinée et se consacre librement à une cause.

Il n'est ainsi pas surprenant d'observer que de grandes œuvres se réalisent au nom de la croyance religieuse, que « la foi soulève des montagnes ». La relation à Dieu vécue comme un appel constitue un irremplaçable ressort pour se surpasser, pour affronter des défis qui apparaîtraient, sans elle, insurmontables.

Il importe de remarquer ici, à ce stade de la réflexion en cours, que la question de savoir si Dieu existe ou non ne se pose même pas. Il suffit seulement qu'il se rencontre un objet auquel est attribué un lien avec Dieu, une indication sensée traduire sa volonté, pour que la possibilité d'une médiation entre lui et le croyant se manifeste. Autrement dit, l'engagement par la croyance exige simplement une occasion de rencontre : une personne, un animal, une plante, une pierre ou, bien évidemment, un ouvrage...

Croire implique essentiellement de pouvoir s'approprier un signe provenant de l'extérieur, rapporté à une autorité transcendante, en y décryptant un message qui permet de donner une orientation à son existence, de transformer sa personnalité en fonction de lui.

Au lieu d'attribuer la justification de sa capacité d'auto-transformation à ses ressources personnelles, à son histoire, son tempérament ou son caractère, le croyant la rattache à une force qui le transcende. La puissance de sa volonté s'identifie à l'emprise de cette force transcendante.

En somme, l'engagement du croyant, son dévouement à une cause est l'indication d'une grâce, le signe d'un privilège qui lui est accordé et sur lequel il n'a aucun pouvoir. Il s'abandonne à Dieu pour mieux recevoir de la force, consolider sa détermination.

Ce qu'il impute à Dieu est à l'image de ce qu'il lui donne en retour. Il ne s'attribue rien parce que Dieu lui donne tout.

En définitive, il convient de considérer que le croyant ne s'engage pas pour Dieu, il est au contraire engagé par lui. Son engagement est, au fond, synonyme de dépossession totale.

Pourtant, dans la mesure où cette dépossession permet d'initier de grandes entreprises, conduit le serviteur de Dieu à se dépouiller de tout pour se consacrer à l'accomplissement de sa volonté, il se pose la question de savoir si, en fin de compte, la croyance n'est pas le modèle de tout engagement.

Existe-t-il une forme d'engagement aussi forte que la croyance ? L'engagement véritable n'est-il pas don et abandon de soi ? Quelle forme d'engagement pourrait prétendre rivaliser avec la foi, la soumission à une transcendance qui incite à se surpasser ?

*   *

*

Il suffit de formuler cette dernière préoccupation pour reculer devant la tentation de lui réserver une réponse affirmative.

Non, la foi n'est pas la meilleure illustration de l'engagement. Il faut craindre que la réflexion en cours soit allée un peu trop vite en besogne en retrouvant la possibilité d'un engagement derrière la croyance.

Lorsqu'il est question d'engagement, l'homme de foi retiré dans son monastère n'est pas la figure qui vient à l'esprit mais le citoyen qui rallie une foule dans la rue pour crier sa colère contre une injustice ou la personnalité qui appose sa signature en bas d'un texte pour défendre une cause. La foi isole, l'engagement rassemble.

Il est vrai que les membres d'une communauté religieuse sont également rassemblés en un lieu précis, mais il s'agit d'un rassemblement qui se destine à les isoler du reste de la collectivité politique, qui les replie sur eux-mêmes pour qu'ils se consacrent au service divin. Ce service se tient au-dessus de toute occupation terrestre.

En d'autres termes, la foi est au-delà de l'engagement. Le service de Dieu est une occupation d'une dignité supérieure à l'attachement aux affaires humaines qu'implique l'engagement.

L'homme de Dieu a encore besoin de redescendre au niveau du citoyen pour s'engager, pour s'occuper des affaires humaines. Parmi les hommes de Dieu, il faut le reconnaître, certains ont franchi ce pas qui les ramène à l'échelle des combats terrestres. Il existe même un courant important du catholicisme contemporain qui prône l'implication dans les affaires humaines, qui demande au prêtre de rejoindre les misérables pour revendiquer une meilleure répartition des avantages de la vie collective.

Mais justement, il est intéressant de noter que cette tendance n'est pas encouragée par la doctrine officielle. Le sommet de la hiérarchie de l'Eglise ne l'a pas suivie. Précisément au nom de la séparation entre le service de Dieu et les affaires humaines, trop humaines.

De son point de vue, l'homme de Dieu doit s'élever au-dessus des luttes partisanes qui opposent les hommes au sujet de la conception du bien commun. À partir du moment où la liberté de culte est garantie dans un État, l'homme de Dieu se doit de se retirer dans un espace qui lui est propre pour se consacrer à sa tâche et abandonner la collectivité politique à son sort. Seul un État ou une organisation politique qui oserait s'attaquer à la liberté de culte serait à tenir pour un ennemi à combattre.

Le service de Dieu est au-dessus de l'engagement car l'engagement se rapporte en priorité à la lutte pour l'hégémonie sur la répartition des avantages de la vie collective. Les acteurs privilégiés de cette lutte sont les organisations politiques et leurs accompagnatrices, les associations de la société civile qui s'attachent à des préoccupations terrestres suffisamment terrestres pour être gérées exclusivement par les hommes indépendamment de l'intervention de Dieu.

En termes plus clairs, la sphère de l'engagement se dissocie de celle de la foi dans la mesure où elle recouvre des questions qui sont susceptibles d'être prises en charge par la collectivité politique. Là où l'engagement suffit, la foi n'a pas besoin d'intervenir. Aussi convient-il de ne pas assimiler croyance et engagement.

La différence entre la croyance et l'engagement est d'autant plus radicale que celui-ci vise en priorité la transformation du monde pour reprendre l'expression chère à Marx ; il poursuit la réalisation d'une société plus juste, une société dans laquelle les inégalités seront conjurées autant que possible.

Cette transformation de la société n'est pas une entreprise de générosité qui en appelle à la bonté des cœurs des individus, à la charité, pour s'accomplir. Elle est amenée à remettre en cause des positions établies, à ébranler des privilèges institutionnalisés. Elle implique le bouleversement d'un ordre social déjà installé qui organise sa propre défense. Elle passe donc par une lutte entre les hommes, une confrontation opposant des camps aux intérêts opposés qui autorise, dans une large mesure, la violence surtout quand elle sert la cause du changement, celle de la révolution.

L'issue de cette confrontation n'est d'ailleurs jamais assurée d'avance. Il est vrai qu'à une certaine époque, une vision positiviste et même mécanique du marxisme a pu laisser croire que la victoire contre le système d'exploitation de l'homme par l'homme était inévitable. Mais, les événements de la fin du vingtième siècle, notamment la chute symbolique du mur de Berlin, montrent que cette vision positiviste de l'histoire est intenable.

Non. La lutte contre l'exploitation sous toutes ses formes peut connaître des phases de stagnation et même de régression durables. Mais bien évidemment, il convient d'éviter de vouloir tirer de cette leçon de l'histoire un argument contre le combat lui-même.

Le combat pour la transformation du monde garde encore un sens. Précisément parce qu'il reste une affaire d'engagement et non une simple nécessité historique.

L'engagement dont il est question ici est bien sûr essentiellement collectif. Il a pour enjeu le rassemblement des victimes de l'ordre social établi, la jonction de tous les exclus en vue de constituer une force capable de prendre le contrôle d'une ambition collective.

Il ne s'agit donc pas d'une invitation adressée à un individu qui concerne en priorité son rapport à sa propre conscience. Il est question plutôt d'une réponse à une situation de violence qui engendre des victimes et suscite des héros pour s'identifier à leur cause.

À l'évidence, un tel engagement se tient aux antipodes de la foi, il prend le contre-pied de la croyance. Il convient cependant de bien percevoir le sens de cette opposition.

Elle ne consiste pas principalement à remettre en cause l'idée de l'existence même de Dieu ainsi que certains des promoteurs de l'engagement ont pu le penser, mais surtout à opposer la combativité du militant à la passivité du croyant. Le militant qui s'emploie à se battre contre l'exploitation se doit d'être humaniste au sens propre du mot.

L'humanisme véritable est à dissocier de l'humanitarisme qui voudrait porter secours aux misérables sans remettre en cause le système de l'exploitation de l'homme par l'homme.

Il consiste à considérer que l'humanité est essentiellement capable de surmonter les difficultés que suscite l'organisation de la société, en d'autres termes, comme le dit Marx lui-même, « qu'elle ne se pose que des problèmes qu'elle peut résoudre[11] ».

Contre cette vision optimiste de l'humanité qui s'accommode du recours à la violence dans la lutte pour la justice, le croyant lui exhorte à s'en remettre à l'œuvre de Dieu, il demande d'accorder

---

[11] (K) Marx, *Contribution à la critique de l'économie politique*, traduction M. Husson et G. Badia, Paris, Editions Sociale, 1972.

sa confiance à une sagesse transcendante pour ordonner les rapports humains, toucher le cœur des privilégiés pour qu'ils acceptent le partage avec les démunis.

Du point de vue du militant, une telle attitude revient à une consécration de l'ordre social établi, une acceptation de la logique de l'exploitation. Il est vain d'attendre de la charité une victoire contre l'injustice. La puissance de la foi s'exerce mieux sur l'individu que sur la collectivité.

Il est vrai que la croyance est susceptible de transformer l'individu mais cette transformation implique son rapport à une force qui transcende la société des hommes.

L'engagement par contre a pour enjeu la transformation de l'homme par la médiation de celle de la société. Transformer la société pour transformer l'homme est le pari ultime de l'engagement.

La foi, à l'opposé, voudrait se charger de changer l'homme sans toucher à la société. Voilà pourquoi elle est aussi efficace à l'échelle de l'individu qu'elle se montre impuissante à celle de la vie collective, sur le terrain politique.

En définitive, il convient de dissocier croire et s'engager car tout engagement véritable est essentiellement politique. L'engagement s'oppose à la croyance comme la politique à la religion.

* *

*

Avec cette dernière assertion, la réflexion en cours est passée d'une position extrême à une autre : de l'assimilation de la croyance à l'engagement, elle a abouti à une dissociation radicale des deux attitudes.

Il pourrait sembler indispensable de choisir entre ces deux positions, mais avant de suivre une telle inclination, il conviendrait tout de même de prendre le soin de se demander si la politique, à son tour, est la seule forme de l'engagement.

N'existe-t-il pas une forme d'engagement qui, à défaut d'être opposable à la politique, pourrait tout de même être dissociée d'elle ?

Quel rapport cette autre forme d'engagement entretiendrait-elle avec la croyance ?

La formulation de cette préoccupation suggère elle-même qu'elle appelle une réponse affirmative. Oui, il existe un autre type d'engagement que celui qui se traduit dans la politique. La politique est sans doute la forme d'engagement la plus visible, la plus bruyante et surtout la plus dérangeante, mais elle n'est pourtant pas la seule.

Il ne s'agit pas ici de suggérer qu'il existerait autant de formes d'engagement que d'occupations humaines. Parmi les entreprises humaines il en est, il convient de le reconnaître, qui sont plus éminentes que d'autres, qui pèsent plus que d'autres sur l'évolution de l'humanité. Il paraît légitime de considérer que ce sont ces activités éminentes qui impliquent des formes d'engagement.

Cette thèse est d'autant plus facile à accepter que l'éminence n'implique pas l'inaccessibilité ou l'élitisme. L'art, la science, la religion et la politique sont des exemples d'activités éminentes mais il est clair que les deux dernières sont moins inaccessibles que les deux premières. Il a déjà été montré dans la partie précédente que la politique implique le nombre, qu'elle rassemble et il n'est pas requis un talent particulier pour devenir croyant.

Mais, en admettant même que toutes les activités dites éminentes impliquent des formes d'engagement, il demeure cependant possible de désigner une forme d'engagement qu'elles supposent toutes et qui d'une certaine manière les précède : tel est l'engagement fondamental que présente *Philosophie et existence*[12] notamment dans son dernier chapitre.

L'engagement fondamental ne se rapporte pas à telle ou telle occupation particulière, mais concerne l'existence même dans sa globalité. Créer, savoir, croire, lutter, demeurent des formes particulières d'activité. Ces formes d'activité visent à produire un

---

[12] (M.) Savadogo, *Philosophie et existence*, Paris l'Harmattan, 2001.

effet sur l'existence, à lui imposer une empreinte, à lui assigner un contenu.

Cette ambition elle-même a cependant besoin d'être portée par une conviction, elle exige de reposer sur une vision qui la précède et la justifie.

La conviction en vue ici concerne le sens ou l'absence de sens de l'existence envisagée dans son unité.

Celui qui est convaincu que l'existence est une vaine agitation, que la vie en d'autres termes, ne mérite pas d'être vécue, celui-là est enclin à considérer également que créer, savoir, croire et lutter sont des manières parmi d'autres de perdre son temps. Il est exigé d'abord de se décider pour le sens de l'existence avant de découvrir un sens aux activités ci-dessus désignées.

Cette décision constitue bien un engagement car elle révèle que le sens n'est pas donné à l'existence par une puissance transcendante. Autrement dit, il n'est pas nécessaire de croire en Dieu pour découvrir un sens à l'existence. Au contraire, la décision pour le sens précède l'adhésion à toute religion particulière.

La décision qui confère une orientation à l'existence dans son unité doit s'affirmer contre la tentation du pessimisme soutenue par l'expérience de la souffrance, du malheur et de la finitude d'une manière générale. La confrontation avec la finitude a suscité une opinion, particulièrement dominante au cours du vingtième siècle, selon laquelle toute entreprise humaine est vouée à l'échec et l'existence dans son ensemble est une réalité inconsistance, un phénomène marqué du sceau de l'absurdité.

Parce qu'elle s'oppose radicalement à cette opinion, la décision pour le sens constitue la pointe ultime de l'engagement.

Elle réhabilite l'idée selon laquelle les occupations humaines ne sont pas de la même valeur, elle établit que certaines d'entre elles sont plus sensées que d'autres et que d'une manière générale il est préférable de chercher à marquer positivement son temps plutôt que de s'employer à cultiver la violence ou à célébrer le non-sens.

Cette conviction qui s'appuie sur la décision pour le sens est appelée à accompagner chaque moment de l'existence en lui donnant un éclat particulier. Elle montre que tout acte de l'existence est susceptible de soutenir le sens ou d'encourager au contraire le non-sens.

En somme l'engagement pour le sens se doit d'être reconduit à travers chaque acte.

Ainsi envisagé, l'engagement que couronne la décision pour le sens reste certes fondamental mais s'avère accessible au plus humble des hommes. En d'autres termes, il est fondamental mais pas extraordinaire ou exceptionnel. Il se retrouve derrière des actes de la vie ordinaire tels que parler, penser, agir et bien sûr décider.

À travers tous ces actes l'homme est invité à s'efforcer d'accorder son comportement avec sa parole pour sauver le sens, éviter que l'absurdité s'installe dans le cours des relations humaines en entraînant dans son sillage le désespoir et la révolte.

La possibilité de la révolte est inscrite dans le cours de l'existence individuelle avec les déceptions et autres frustrations que toute personne est appelée à connaître et dans celui de la vie collective avec les rapports sociaux de domination et d'exploitation qui opposent les catégories sociales qu'elles soient sexuellement, culturellement ou économiquement déterminées.

Justement le militantisme politique qui poursuit la transformation de la société peut se comprendre comme la traduction sur le terrain de la vie collective de la décision pour le sens qui caractérise l'engagement fondamental. Au niveau de l'existence individuelle l'engagement fondamental invite à ne pas s'abandonner au désespoir après l'expérience d'une frustration aussi puissante soit-elle et, à l'échelle de la vie collective, il encourage à réagir contre la violence des rapports sociaux qui condamnent une catégorie de citoyens à subir la domination d'autres catégories ; il incite à la protestation contre la division de la société en exploiteurs et exploités.

En d'autres termes, l'engagement fondamental engendre une éthique optimiste et apporte une justification au militantisme politique.

Engagement fondamental et engagement militant se complètent ainsi sans cependant se confondre.

Il demeure en effet une nuance entre les deux car tout militantisme ne se propose pas une transformation positive de la société. Il existe des formes de militantisme qui visent à défendre l'ordre social établi ou même à creuser les inégalités dans la société.

En d'autres termes, le militantisme peut être conservateur ou même rétrograde. Ce type de militantisme procure, certes, un contenu à l'existence de ses adeptes, il leur assigne un but auquel ils sont susceptibles de s'identifier, mais il ne participe pas de la conquête du sens, il ne prolonge pas l'engagement fondamental pour le sens.

Bien au contraire, ce militantisme réactionnaire aboutit à une remise en cause de toute idée de sens en s'attaquant au principe de l'égalité des hommes qui est la conséquence sur le terrain politique de l'attachement au sens.

Il convient donc de distinguer un militantisme progressiste et un militantisme réactionnaire.

Cette distinction entre militantisme progressiste et militantisme réactionnaire qui se retrouve à l'échelle de la politique se transpose également au niveau de la religion.

Il est vrai que toute religion propose un message que l'individu est susceptible de s'approprier pour remplir son existence. Ce message cependant peut se décliner de plusieurs façons, être entendu de différentes manières. Il est exposé à être perçu soit comme un prolongement de l'engagement fondamental pour le sens soit, au contraire, à être retourné contre lui.

Le message religieux prolonge l'engagement fondamental pour le sens quand il encourage l'homme à prendre confiance en lui-même, à poser des actes qui contribuent à l'édification de l'humanité. Dans une telle perspective, la référence à Dieu apparaît comme la médiation par laquelle l'homme parvient à se dépasser lui-même, à s'investir dans de grands projets.

La religion se rapproche alors de la politique sans se confondre avec elle. Elle ne s'oppose pas à l'ambition de la transformation du monde mais l'interprète à sa façon, se l'approprie en y retrouvant une manière d'accomplir la volonté même de Dieu.

Le message fondateur de la religion est susceptible aussi d'être entendu de telle manière qu'il se retourne contre l'engagement pour le sens. Il souligne alors l'abîme qui sépare Dieu de l'homme et désigne en toute entreprise de transformation du monde une vaine agitation sans intérêt.

La religion se retourne ainsi contre l'homme en s'opposant à la politique, surtout quand elle se veut progressiste, voire révolutionnaire.

L'homme est méprisé dans cette optique en étant présenté comme un jouet entre les mains d'une providence qui est censée en disposer à son gré. Sur le plan de l'existence concrète une telle vision aboutit à louer les épreuves, à célébrer les échecs et malheurs comme autant de signes de l'impuissance humaine.

En somme, la religion consacre ici le triomphe du non-sens, elle soutient l'emprise de la violence sur le cours de l'existence.

Il est clair que l'engagement fondamental invite à s'opposer à cette dernière réception du message religieux et à se dresser contre ses conséquences éthiques et politiques. Il exhorte à affirmer la primauté du sens dans toutes les sphères de l'activité humaine. Le mépris de l'homme pour lui-même ouvre la voie au déchaînement de la violence. L'humanité n'est pas seulement capable du pire, elle reste aussi apte au meilleur. Les messagers des grandes religions sont des témoignages de cette aptitude humaine à se surpasser.

Il est vrai cependant qu'ils ne sont pas les seuls à assumer ce rôle. Les héros politiques, les savants, les artistes sans oublier bien sûr les philosophes ont eux aussi témoigné, à leur manière, de la grandeur de l'homme. À travers l'idée de l'engagement fondamental la philosophie ne retrouve-t-elle pas, d'ailleurs, sa vocation à proposer une orientation à l'existence humaine, à conduire l'humanité à triompher de ses propres limites ?

Il découle de cette réhabilitation du rôle de la philosophie que la croyance elle aussi ne devrait pas avoir pour but d'humilier l'homme mais de l'inciter à se surpasser.

En tout cas, ce n'est que dans l'exacte mesure où elle favorise cette ambition d'autodépassement de l'homme qu'elle se concilie véritablement avec l'engagement.

Chapitre IV : Reconnaissance et engagement

L'engagement a pour conséquence de permettre au sujet collectif ou individuel d'établir un rapport positif à lui-même qui prépare les différentes formes de sa reconnaissance.

Y'a-t-il un lien entre reconnaissance et engagement ?

De prime abord, les deux phénomènes semblent s'exclure : l'engagement suggère un rapport intérieur à soi alors que la reconnaissance, elle, appelle un point de vue extérieur…

À l'évidence, il n'apparaît pas bien difficile de remettre en cause cette opposition, de la relativiser : en effet, l'engagement n'est-il pas condamné, lui aussi, à se traduire dans des actes extérieurs qui interpellent le regard d'autrui ?

Cette considération suggère, certes, que l'engagement pourrait frayer un passage vers la reconnaissance, mais elle est loin de répondre complètement à la préoccupation qui se profile derrière nos précédentes questions : car, il reste encore à préciser si la reconnaissance accompagne nécessairement l'engagement ou, au contraire, la première conditionne le second.

Par-delà l'explicitation du contenu de ces deux notions que sont la reconnaissance et l'engagement, la confrontation avec ces questions impose à la réflexion qui s'annonce de conduire une discussion entre la théorie de la reconnaissance que propose Honneth, figure emblématique de la dernière génération de la théorie critique, et la pensée de l'engagement.

L'engagement n'est-il pas la meilleure réponse au déni de reconnaissance ?

Par-delà les formes institutionnalisées de la reconnaissance que vise la théorie critique de Honneth, l'engagement ne constitue-t-il pas la forme idéale de rapport à soi qui conditionne toute reconnaissance extérieure ?

*   *

*

Une discussion rigoureuse de cette préoccupation importante pour la pensée contemporaine, la pensée politique en particulier, demande de commencer par prendre la mesure du succès actuel de la théorie de la reconnaissance reformulée par Honneth.

En l'espace d'une dizaine d'années, en partant de la parution de la traduction française du premier grand ouvrage de Honneth intitulé *La lutte pour la reconnaissance*[13], qui est une reprise de sa thèse d'habilitation, non seulement plusieurs autres titres de lui ont été traduits en français et en bien d'autres langues, mais surtout, rien qu'en France, de nombreux auteurs s'inspirant de son œuvre se sont révélés au public savant.

Évidemment, ils ne s'alignent pas tous unanimement derrière ses idées ; beaucoup d'entre eux s'efforcent de se démarquer de lui sur de nombreux points, mais ils admettent tous son influence et rivalisent pour proposer des traductions de ses titres.

Ce succès est suffisamment rare en philosophie pour mériter d'être rappelé.

Après ce rappel cependant, il convient d'ajouter tout de suite que Honneth n'est pas le découvreur de l'importance de la reconnaissance pour la philosophie pratique, la philosophie morale et politique. Il en attribue lui-même l'origine au jeune Hegel.

Il est vrai en effet que, plus d'une décennie avant l'habilitation de Honneth, Ludwig Siep, éminent spécialiste de l'idéalisme allemand, avait publié un ouvrage, reprise de sa thèse d'habilitation, qui s'intitule «*Anerkennung als Prinzip der praktischen Philosophie. Untersuchungen zu Hegels Jenaer Philosophie des Geites*[14]. » .

En dehors même de ce titre, auquel Honneth se réfère explicitement, la reconnaissance a été également mise en avant sur le continent américain dans les travaux de Charles Taylor qui, se retournant cette fois-ci vers le Hegel de la *Phénoménologie de l'esprit* et non le jeune Hegel, avait publié *Multiculturalism and the politics of recognition*[15] qui a aussi connu un succès immédiat au

[13] (A.) Honneth, *La lutte pour la reconnaissance*, traduction P. Rusch, Paris, Cerf, 2000.

[14] Ce titre, qui signifie littéralement « La reconnaissance comme principe de la philosophie pratique. Recherches sur la philosophie de l'esprit de Hegel à Iéna » est paru chez Alber à Fribourg et Munich et n'a pas été traduit en français.

[15] Princeton University Press, 1992, traduit en français sous le titre *Multiculturalisme. Différence et démocratie*, traduction D-A Canal, Paris, Aubier, 1994.

début des années quatre vingt dix et a été traduit en français bien avant le premier grand ouvrage de Honneth.

En quoi consiste donc le mérite particulier de Honneth qui justifie le succès de sa théorie de la reconnaissance ?

À partir du thème de la reconnaissance repris de Hegel, Honneth ne se contente pas, comme Taylor, de formuler une théorie de la réconciliation de différentes identités culturelles au sein d'un espace politique, il s'emploie à proposer une vision globale de la vie sociale incluant aussi bien une conception de la vie accomplie qu'une explication des luttes sociales.

En termes plus techniques, il élabore une éthique et une philosophie sociale. Une brève présentation de cette démarche s'avère incontournable ici.

D'ordinaire, la reconnaissance désigne un acte par lequel un individu répond à un autre individu ou un groupe à un autre groupe. Elle met ainsi en jeu deux parties qui entrent dans une relation susceptible d'aboutir à une entente, une collaboration ou une coexistence pacifique, ou d'engendrer, un affrontement, un conflit.

Honneth montre que la reconnaissance ne doit pas être tenue pour une simple réponse ponctuelle, contingente, mais qu'elle correspond à une attente, une aspiration fondamentale de l'existence humaine, de l'individu aussi bien que de la collectivité.

La reconnaissance est la condition fondamentale du rapport positif à soi ou de la vie épanouie qui se manifeste dans les états psychologiques que sont la confiance en soi, le respect de soi et, enfin, l'estime de soi.

À partir de cette conviction, Honneth distingue trois modalités essentielles de la reconnaissance, susceptibles d'engendrer le rapport positif à soi, qui sont l'amour (ou l'amitié), le respect et la solidarité.

À leur tour, ces trois modalités de la reconnaissance reposent sur des niveaux de socialisation qui sont la famille ou les amis, la société civile et la collectivité politique.

À ces trois formes de reconnaissance il est possible d'opposer également trois types de déni, de violation ou d'atteinte, qui sont susceptibles de provoquer des conflits entre les individus entre eux ou entre les groupes entre eux, à savoir : les sévices et violences, la privation de droits et l'exclusion et, enfin, l'humiliation et l'offense.

S'appuyant sur la considération de ces types de déni de reconnaissance, Honneth dégage le programme d'une philosophie sociale, d'une critique de la société moderne, qui se destine à mettre en exergue les formes massives de déni de reconnaissance, les évolutions sociales manquées, qu'il propose d'appeler les pathologies du social : « L'objet de la philosophie sociale, sa priorité est de définir et d'analyser les processus d'évolution de la société qui apparaissent comme des évolutions manquées ou des perturbations c'est-à-dire comme des « pathologies du social »[16]. »

À travers ce programme d'une philosophie sociale qui s'adosse à une conception de la vie bonne, Honneth appréhende les conflits sociaux comme des formes de lutte pour la reconnaissance. La reconnaissance est ainsi élevée à la dignité de concept central de toute la philosophie pratique, de l'éthique et de la politique.

Mieux, elle conduit à accorder une primauté à la philosophie sociale sur la philosophie politique qui est traditionnellement réduite à une considération des exigences de la vie en collectivité qui ne se préoccupe pas particulièrement de la condition des dominés et des exclus ou des évolutions sociales manquées.

On pourrait légitimement s'attendre, à partir de là, à ce que Honneth rencontre le thème de l'engagement dans la mesure où il se préoccupe d'analyser les luttes sociales.

En effet, non seulement toute lutte sociale implique l'engagement de ses protagonistes, mais surtout, le critique de la société qui se soucie du sort des victimes est censé pouvoir les soutenir dans leur combat.

L'engagement ne s'inscrit pourtant pas tout de suite dans l'horizon de la réflexion de Honneth. Il en est ainsi parce que, dans un premier temps, il conçoit essentiellement la reconnaissance sous la forme d'une attente tournée vers l'extérieur, vers autrui et vers les institutions de la vie collective.

---

[16] (A.) Honneth, *La société du mépris. Vers une nouvelle théorie critique*, traduction O. Voirol, P. Rusch et A. Dupeyrix, Paris, La Découverte, 2006.

De ce point de vue, l'idée de l'engagement se réduit à l'exigence de conformer ses actes à ses paroles qui doit guider toute démarche de reconnaissance afin d'éviter qu'elle se ramène à une simple manipulation idéologique : « Un acte de reconnaissance reste en quelque sorte incomplet tant qu'il ne débouche pas sur des comportements manifestant effectivement la valeur qu'il exprime[17] » remarque Honneth dans un chapitre intitulé « La reconnaissance comme idéologie ».

Cette intuition du rôle de l'engagement dans la reconnaissance ne se développe pas jusqu'à interroger la relation entre le critique de la société et les luttes sociales parce que la théorie critique elle-même, depuis la première génération de ses promoteurs, a cessé de revendiquer une liaison directe avec les dominés. En d'autres termes, l'analyse des pathologies de la société n'est plus sous tendue par le projet de sa transformation.

Le critique social se désigne comme un savant, un homme de science, qui n'entretient pas une relation avec l'action : « La question de savoir comment venir à bout en pratique des conditions productrices d'injustice n'entre en général plus dans le domaine des tâches de la critique sociale[18] ».

Il se produit ici une rupture complète avec l'ambition inaugurale de la théorie critique, formulée par Horkheimer et Adorno à leurs débuts, qui, s'inspirant de l'attitude de Marx, voulaient établir un lien entre théorie et pratique, critique sociale et transformation de la société. Cette rupture a été amorcée par Horkheimer et Adorno eux-mêmes au fil de leur évolution et Honneth, pour sa part, se contente d'hériter de cette réorientation.

Il en découle qu'il s'interdit d'accorder de l'importance à la thématique de l'engagement et ne se préoccupe pas de réfléchir sur les modalités des luttes sociales et les conditions de leur succès. Il voudrait dissocier clairement sa propre position politique en tant qu'individu et le contenu de la critique sociale qu'il élabore : « Les défenseurs de la théorie critique ne partagent pas avec leurs destinataires un espace d'objectifs communs ou de projets

---

[17] (A.) Honneth, *La société du mépris. Vers une nouvelle théorie critique*, traduction O. Voirol, P. Rusch et A. Dupeyrix, Paris, La Découverte, 2006, page 271.

[18] Idem, page 123.

politiques mais plutôt un espace de raisons potentiellement communes (…)[19] ».

Cependant, si le critique de la société ne voit pas dans son propre engagement une condition de l'élaboration ou de la pertinence de sa théorie, il reste à se demander si l'engagement ne joue aucun rôle dans la manière dont la victime de l'injustice se perçoit elle-même.

Faut-il considérer que l'engagement importe peu aux membres des catégories sociales dominées ou méprisées ?

* *

*

Il est évident que la réponse à cette dernière question est négative.

Si le promoteur de la critique sociale de son côté peut se permettre de négliger l'engagement, il n'en est pas de même pour la victime de la pathologie sociale. De son point de vue, il est essentiel de distinguer résignation et résistance.

Celui qui accepte sa condition de méprisé sans protester la subit plus profondément que celui qui la dénonce. L'acte de résistance s'accompagne de la conviction que la condition d'injustice n'est pas irréversible, qu'elle est susceptible d'être transformée. Il détermine ainsi un regard positif sur soi-même qui permet d'éviter de se mépriser, de se rejeter soi-même.

En d'autres termes, celui qui s'engage contre l'injustice oblige son adversaire à se remettre en question, à se demander s'il n'a pas tort de mépriser l'autre, de lui manquer de respect.

Il s'introduit une dissociation claire entre les victimes qui se battent et celles qui se résignent d'une part et, d'autre part, parmi celles qui se battent elles-mêmes, entre celles qui se contentent de suivre le mouvement de résistance contre leur condition et celles qui la conduisent, la dirigent.

Autrement dit, il convient non seulement de distinguer l'attitude de la résignation et celle de la résistance, mais aussi d'opposer, au

---

[19] Idem, page 128.

sein même des formes de résistance, l'engagement subi et l'engagement voulu.

Dans la mesure où un individu est dominé, il est potentiellement opposé à cette domination. Pourtant, entre cette opposition potentielle et la lutte ouverte contre sa condition, l'engagement conscient, il s'introduit précisément la médiation d'une prise de conscience à laquelle ne s'élèvent pas tous les individus. Pire, les individus qui ont intériorisé l'idéologie dominante, ceux qui adhèrent au mépris dont ils sont l'objet, sont souvent les adversaires les plus redoutables de ceux qui voudraient se battre.

La difficulté en vue ici est bien connue de la théorie marxiste qui appelle les prolétaires de tous les pays à s'unir pour combattre leur exploitation. Cette théorie est contrainte d'admettre une distinction entre classe en soi et classe pour soi pour expliquer que tout prolétaire n'adhère pas à la lutte contre l'exploitation capitaliste alors que des intellectuels issus de la classe dirigeante sont capables de s'identifier entièrement à la cause des exploités.

La question de savoir d'où vient la prise de conscience qui prépare le dominé à résister contre sa condition ne doit pas préoccuper outre mesure la présente réflexion. Ce qu'il importe surtout de retenir est que le passage de l'attitude de la classe en soi à celle de la classe pour soi intervient précisément par l'engagement.

La conquête de la conscience de la domination qui entraîne la victime de la pathologie sociale à résister contre elle se traduit par l'engagement. Il en découle que l'engagement est un phénomène essentiel car il bouleverse le regard que le dominé pose sur sa condition et sur lui-même.

Pour être juste envers le promoteur de la théorie de la reconnaissance, Honneth, il convient de préciser que cette importance de l'engagement pour le dominé ne passe pas complètement inaperçu dans sa réflexion. En effet, au chapitre huit de son ouvrage, *La lutte pour la reconnaissance* qui s'intitule explicitement « Mépris et résistance », il note que : « La réflexion philosophique non moins que les témoignages littéraires et l'histoire du mouvement social, montre en effet que l'engagement dans l'action politique sert aussi, pour les personnes concernées, à sortir l'individu de la situation paralysante d'une humiliation subie passivement et à le faire accéder à une nouvelle relation positive à soi[20]. »

Cette découverte est capitale car elle montre que le rapport positif à soi n'intervient pas seulement par la reconnaissance qui relève d'un regard extérieur mais qu'il se conquiert aussi dans la manière dont l'individu se considère lui-même. L'engagement est un acte qui réhabilite le sujet vis-à-vis de lui-même.

Il n'est pas difficile de voir que cette auto réhabilitation précède et détermine le jugement que l'extérieur porte sur l'individu.

En d'autres termes, l'engagement prime la reconnaissance, il l'anticipe et la provoque.

Celui qui ne réagit pas contre sa condition de méprisé a peu de chance de susciter un jugement positif sur lui qui lui permettrait, en retour, de s'apprécier positivement. Il faudrait même franchir un pas et considérer qu'une reconnaissance généreusement offerte n'honore pas son destinataire.

La reconnaissance se doit d'être conquise par des actes de celui qui, au départ, n'est pas respecté. L'engagement est ainsi un moment essentiel dans la logique même de la reconnaissance car il ré attribue à l'homme sa dignité : « L'engagement individuel dans la lutte politique, parce qu'il atteste publiquement la capacité dont la non-reconnaissance est vécue comme une offense, rend à l'individu une partie du respect de soi qu'il avait perdu.[21] ».

Il est intéressant de signaler ici que l'effet de l'engagement est le même pour l'individu que pour le groupe. Honneth a d'ailleurs en vue ici l'engagement politique auquel il reconnaît la vertu de susciter une communauté qui valorise ses membres.

Collectivement ou individuellement donc, l'engagement détermine un rapport positif à soi.

Il reste pourtant à soumettre le phénomène de l'engagement lui-même à une analyse, à en révéler les moments constitutifs. Cette préoccupation, que Honneth ignore, est prise en charge dans le cadre d'une pensée de l'engagement.

Les étapes constitutives de la conquête d'une image positive de soi-même ont été exposées dans des travaux précédents qui

---

[20] (A.) Honneth, *La lutte pour la reconnaissance*, page 196.
[21] Idem.

s'inscrivent dans la pensée de l'engagement. Il a été ainsi montré que l'engagement implique des vertus, des dispositions morales, qui sont la sincérité, la loyauté, la justice et le courage[22].

À ses vertus s'opposent des formes de négation de soi, des formes de mal, qui sont le mensonge, la trahison, la cruauté et l'indicible.

Il serait légitime de vouloir percevoir derrière ces formes de mal des effets du déni de reconnaissance, de la violence sociale exercée sur l'individu. Une telle démarche suggère un point de jonction entre critique sociale et pensée de l'engagement d'autant plus crédible que la pensée de l'engagement se refuse à absolutiser le mal, à voir en lui une déficience anthropologique.

Cependant, il importe de ne pas oublier que, du point de vue de la pensée de l'engagement, la réhabilitation de l'individu ne doit pas être attendue d'un jugement extérieur porté sur lui mais passe par une conversion de son attitude à l'égard de lui-même.

En d'autres termes, ce n'est pas la reconnaissance qui rend possible l'engagement, mais au contraire l'engagement qui appelle la reconnaissance.

Il demeure néanmoins la question de savoir comment s'accomplit la conversion qui accompagne l'engagement. Cette question a également été abordée dans un autre ouvrage qui analyse le processus psychologique à travers lequel le sujet engagé parvient à s'élever à une vision positive de l'existence qui induit sa propre valorisation[23].

Ce processus s'ouvre par une indignation, une réaction, contre une situation ressentie comme une violence et passe par les moments de la frayeur face au conflit qui s'installe, de la loyauté à l'égard d'une nouvelle conviction, de la justice qui assume la confrontation entre des parties opposées et, enfin, du courage qui dégage la perspective d'un changement de la situation d'ensemble.

Autrement dit, la logique de l'engagement culmine dans un optimisme, une confiance dans la possibilité de transformer la condition de la victime qui en relativise le poids. Le sujet dominé

---

[22] (M.) Savadogo, *Pour une éthique de l'engagement*, 2ème édition, chapitre V, Presses Universitaires de Namur, 2008

[23] (M.) Savadogo, *Création et existence*, Chapitre III, Presses Universitaires de Namur, 2009.

accède par-là à une vision positive de lui-même car il se retrouve libéré en lui-même, soulagé du sentiment de sa propre impuissance qui induit celui de son insignifiance.

Cet impact bénéfique de l'engagement étant admis, il se pose, à partir de là, la question de savoir quelle perception de la reconnaissance en découle.

Plus précisément, il s'agit de savoir par exemple si, en partant de l'engagement, les effets de la reconnaissance dégagés par Honneth que sont la confiance en soi, le respect de soi et l'estime de soi peuvent être sauvés ?

* *

*

La réponse à cette dernière question est, sans hésitation, positive.

Les formes du rapport positif à soi que sont les états énoncés ci-dessus peuvent être conquis par la médiation de l'engagement, en particulier quand il prend l'allure d'une démarche collective. À ses trois manifestations du rapport positif à soi, la pensée de l'engagement conduit par ailleurs, à ajouter une quatrième, ignorée de Honneth, qui est le leadership.

Dans le cadre de la théorie de la reconnaissance, la confiance en soi est une disposition qui s'acquiert par l'entremise de l'entourage proche d'un individu, par l'amour que lui apporte une famille ou l'amitié que lui témoignent des compagnons.

Il est évident que l'engagement sous sa forme collective, sociale ou politique expose le militant à l'affection de ses camarades, lui attire leur amitié. Il est bien connu que les amitiés les plus solides naissent d'épreuves partagées. L'amitié conquise sur le terrain du militantisme est souvent plus solide que celle qui émerge sur le terrain de la profession ou celui du simple voisinage.

L'affection de l'entourage immédiat, précisément à cause de sa spontanéité, ne suffit pourtant pas à consolider une personnalité. Aussi est-il indispensable qu'elle soit complétée par une manière plus objective d'apprécier la valeur de l'individu.

Cette seconde manière correspond au respect de soi qui intervient par l'entremise des règles organisant la vie collective qui instituent l'égalité entre les individus et désignent chacun comme responsable de ses actes. Dans la logique de l'engagement, le respect de soi se construit à travers l'adhésion à des exigences, des principes, qui régissent l'action collective. L'engagement, sous la forme d'un mouvement collectif, implique des règles qui guident les rapports entre les individus. Dans le cas d'un mouvement structuré, que ce soit une organisation de la société civile ou un parti politique, ces règles s'autonomisent sous la forme de statuts et même de règlements intérieurs qui s'adressent aux membres. L'adhésion à ces textes demeure cependant volontaire et témoigne donc de l'aptitude de l'individu à se donner une loi de conduite. Le respect de soi s'affirme à travers l'exercice de cette aptitude.

Cet exercice révèle au sujet engagé à la fois son autonomie et son égalité fondamentale avec les autres.

Mais, le respect de soi ainsi atteint repose encore essentiellement sur les rapports à l'intérieur d'un groupe particulier. Aussi ne permet-il pas encore à l'individu de se convaincre de sa valeur pour la société dans son ensemble.

L'accès à cette conviction constitue un niveau supérieur du rapport positif à soi qui coïncide avec l'estime de soi. L'estime de soi, telle que l'envisage Honneth, résulte de la conscience de l'utilité sociale de l'individu. Elle est déterminée par son inscription dans une chaîne de solidarité qui s'étend à la collectivité politique dans son ensemble. Elle se traduit parfois par des formes de distinction que la collectivité politique, à travers sa direction qu'est l'État, accorde aux citoyens.

Dans le cadre de l'engagement collectif, il est possible de s'élever à l'estime de soi par la médiation des succès remportés dans son combat. La lutte d'un collectif particulier, d'un groupe social, se révèle efficace dans la mesure où elle aboutit à des mesures en faveur de ses membres et aussi de tous les citoyens qui se retrouvent dans la même situation qu'eux.

En termes plus clairs, la satisfaction accordée aux revendications d'un mouvement social entraîne ses membres à découvrir leur utilité pour la collectivité politique dans son ensemble. L'estime de soi se conclut de la sorte des succès remportés dans l'engagement pour une cause.

Par-delà cette estime de soi, il reste cependant un autre niveau du rapport positif à soi à laquelle la perspective de Honneth ne lui permet pas de prêter attention.

Il s'agit de ce qui a été désigné, au début de cette troisième grande partie de la réflexion en cours, sous le nom de « leadership ». Il n'existe malheureusement pas un autre mot en français pour nommer le phénomène visé, « autorité » ou « charisme » demeurant encore approximatifs. Le phénomène est pourtant bien connu des observateurs des mouvements sociaux et des partis politiques. Il s'agit du dévouement, auquel se rattache l'enthousiasme, d'un individu qui entraîne d'autres dans son action. Une telle aptitude est loin d'être énigmatique ainsi que le suggère le mot français « charisme ».

Il est ici question, en fait, d'un effet particulier de l'engagement, d'une pointe supérieure du rapport positif à soi. L'individu engagé croit en la possibilité de transformer sa condition.

Par-delà sa condition particulière, cette conviction s'étend à toute situation d'injustice ou de souffrance. En d'autres termes, l'engagement engendre un optimisme fondamental qui soutient toutes les actions du sujet. Le militant donne ainsi l'impression d'être infatigable ; il est toujours prêt à braver des épreuves pour la défense de sa cause.

C'est cet enthousiasme qui se communique aux autres et les attire dans l'action collective.

Il correspond à un niveau particulièrement élevé du rapport positif à soi que la pensée de l'engagement découvre mais qui reste ignoré de la théorie de la reconnaissance.

Par contre, la théorie de la reconnaissance accède à la conscience de l'importance de l'engagement pour l'existence dans son ensemble d'une autre manière.

Cette autre manière, qui rapproche la théorie de la reconnaissance de la pensée de l'engagement, est explicitement exposée dans un ouvrage postérieur de plus d'une dizaine d'années à *La lutte pour la reconnaissance* : il s'agit de *La réification*[24].

---

[24] (A.) Honneth, *La réification. Petit traité de théorie critique*, traduction S. Haber, Paris, Gallimard, 2007.

Ce titre marque une évolution dans la pensée de Honneth à laquelle ses lecteurs, en particulier Franck Fischbach et surtout, Stéphane Haber, traducteur de l'ouvrage, ne sont pas restés insensibles[25]. Cette évolution consiste essentiellement en ce que dans ce titre, la reconnaissance n'est plus envisagée comme un jugement extérieur qui s'adresse à un destinataire pour susciter en lui des états positifs, mais sous la forme d'une disposition intérieure, subjective, qui détermine le rapport de l'individu aux choses, aux autres hommes et bien sûr à lui-même.

Cette nouvelle manière de considérer la reconnaissance a une conséquence particulièrement importante, du point de vue d'une réflexion sur l'engagement, car elle aboutit à identifier purement et simplement reconnaissance et engagement.

L'attitude réifiante, celle qui réduit les choses, les autres hommes et soi-même au rang d'objets, qui les transforme en des données susceptibles d'être appréhendées en toute indifférence et manipulées au besoin, est la conséquence d'un oubli de reconnaissance.

Cette reconnaissance, qui précède fondamentalement toute espèce de connaissance, se caractérise comme un rapport sensé aux choses, aux autres et à soi-même, une relation valorisante, engageante : « Ainsi une posture de reconnaissance exprime-t-elle notre capacité à identifier et à valoriser la signification que possèdent pour notre existence les autres personnes et les choses[26]. »

Il est décisif de noter que la reconnaissance, telle qu'elle est appréhendée ici, concerne le rapport à l'existence d'une manière générale. Ce n'est pas telle ou telle dimension particulière de l'être humain qui est susceptible d'être mise en valeur à travers l'attitude de la reconnaissance, mais la manière même dont chacun se rapporte à l'existence dans son ensemble. Aussi la reconnaissance

---

[25] Voir F. Fischbach, *Sans objet. Capitalisme, subjectivité, aliénation*, première partie, Paris, Vrin, 2009 et (S.) Haber, *L'homme dépossédé. Une tradition critique de Marx à Honneth,* chapitre 6, Paris, C.N.R.S. Editions, 2009. Les deux auteurs, qui s'appuient pourtant sur les mêmes références n'ont cependant pas la même conception de l'aliénation et interprètent différemment la signification des analyses de Honneth.

[26] (A) Honneth, *La réification*, page 48.

n'est-elle pas attendue d'un individu ou d'une institution collective quelconque, mais d' « une relation engagée par rapport à soi et par rapport au monde[27] ».

En définitive, ce que Honneth pressent à travers cette nouvelle conception de la reconnaissance qui désigne en elle le principal rempart contre la réification, sans pour autant disposer des mots pour le dire, ce n'est rien d'autre que la thématique de l'engagement fondamental que la pensée de l'engagement a déjà élaborée[28].

Honneth dégage ce thème de l'engagement fondamental d'une lecture de Lukcas et Heidegger[29], alors que la pensée de l'engagement la met en évidence à partir d'une réflexion sur le sens de la philosophie pour l'existence.

Au terme de cette réflexion, il se révèle que la vocation essentielle de la philosophie consiste à promouvoir une manière sensée de se rapporter à l'existence, qu'elle implique un engagement fondamental pour le sens contre l'absurdité.

Cet engagement fondamental ne constitue cependant pas une attitude exceptionnelle. Il se manifeste à travers des actes de la vie ordinaire tels que parler, penser, agir et décider. À travers chacun de ces actes l'homme est invité à sauver le sens en accordant son discours et son comportement, à donner une articulation à son existence.

* *

*

La mise en évidence de l'engagement fondamental permet à la réflexion philosophique, par la suite, de se tourner vers la société pour une critique des formes de manifestation du non sens que la

---

[27] Idem, page 31.

[28] Voir (M.) Savadogo, *Philosophie et existence*, Paris, L'Harmattan, 2001.

[29] Par-delà Lukacs, il a ouvert ainsi la voie à des entreprises récentes de comparaison entre Marx et Heidegger, qui se révèlent très critiquables, dans la mesure où elles ne se préoccupent pas beaucoup des conséquences politiques des deux positions.

nouvelle théorie critique de Honneth voudrait désigner sous les termes de « déni de reconnaissance » et de « réification ».

Mais, surtout, elle invite à articuler cette critique à une pensée politique, à une réflexion sur les conditions et les modalités de transformation des sociétés humaines.

Autrement dit, l'explicitation de l'engagement fondamental conduit à une justification de l'engagement militant dans les mouvements sociaux et les organisations politiques.

Engagement militant et engagement fondamental se soutiennent et se complètent.

En somme, il s'avère qu'il revient à la pensée de l'engagement de précéder et d'orienter la critique sociale pour qu'elle ne perde pas de vue son enjeu qui reste la transformation de la société.

Il est vrai, certes, que, la mise en œuvre de toute critique sociale implique une forme d'engagement. Mais les déclinaisons de l'engagement différent autant que les types de mouvements sociaux ou d'organisations politiques. En termes plus précis, tous les mouvements ne poursuivent pas l'objectif d'une transformation complète de la société.

Il appartient à la pensée de l'engagement de dégager les limites de chaque forme d'engagement afin de parvenir à légitimer le projet même d'une transformation de la société.

Ainsi l'engagement implicite à toute critique sociale est appelé à s'expliciter en vue de favoriser l'élaboration d'une critique sociale vraiment radicale.

Ne s'en suit-il pas finalement que la thématique de l'engagement importe plus à la critique de la société que celle de la reconnaissance ?

TROISIEME PARTIE

Chapitre V : Critique sociale et engagement politique

Une pensée de l'engagement s'inscrit politiquement à gauche de la gauche en retrouvant la question de « la transformation du monde » ou celle du passage d'un ordre social à un autre.

Il est reconnu que le renouveau actuel de la critique sociale à travers les travaux d'auteurs tels que Franck Fischbach, Nancy Fraser, Stéphane Haber, Axel Honneth, Guillaume Le Blanc, Emmanuel Renault, pour ne citer que les plus accessibles en langue française, contribue à renforcer le camp de la gauche en politique, permet de soutenir une culture politique de gauche. Il est cependant également admis qu'il existe plusieurs sensibilités au sein de la gauche tout comme d'ailleurs de la droite politique, et il serait légitime de se poser la question de savoir quelle sensibilité de la gauche s'enrichit particulièrement du renouveau de la critique sociale.

La question n'est pas dénuée d'intérêt car il est possible de retrouver d'importantes nuances entre les auteurs cités dont certains développent des thèses proches de l'extrême gauche ou de la gauche radicale alors que d'autres penchent du côté de la gauche socialiste ou même du centre gauche.

L'ambition du propos qui s'esquisse n'est pourtant pas de présenter un tableau des sensibilités de gauche dont relèveraient les actuels promoteurs de la critique sociale, ce qui impliquerait de s'intéresser à leurs biographies ou tout au moins de s'enquérir directement auprès d'eux de leurs opinions politiques, mais de se préoccuper du lien entre critique sociale et engagement politique : la critique sociale n'est-elle pas indispensable à l'engagement politique ?

Puisque la réponse à cette première question semble aller de soi, dans la mesure où nous avons déjà admis que le renouveau actuel de la critique sociale sert à consolider l'action de la gauche politique, il conviendrait de reformuler notre préoccupation autrement pour en percevoir l'enjeu : le sens de l'engagement politique s'épuise-t-il dans la critique sociale ?

Outre qu'elle nous impose d'analyser les modalités de l'engagement politique pour situer la place de la critique sociale, cette dernière question entraîne la réflexion hors du champ de la sociologie politique des intellectuels pour l'amener sur celui de la réflexion philosophique sur la politique : quelle relation, en définitive, convient-il d'établir entre pensée politique et engagement politique ?

Le titre de notre propos « Critique sociale et engagement politique » nous invite, en fin de compte, à partir à la recherche d'une réponse actuelle à cette préoccupation fondamentale de la réflexion sur la politique.

* *

*

Afin de bien conduire la confrontation avec notre préoccupation introductive, il convient de commencer par rendre justice aux représentants actuels de la critique sociale[30]. Tout comme leurs aînés, les fondateurs de l'École de Francfort, notamment Max Horkheimer et Theodor W. Adorno, ils semblent avoir clairement conscience des enjeux politiques de leurs thèses et ils revendiquent explicitement leur ancrage à gauche.

Il n'est sans doute pas aisé de donner une présentation de la gauche politique qui soit en mesure de susciter l'unanimité autour d'elle, car elle regroupe différentes sensibilités qui s'affrontent entre elles telles que la social-démocratie, le communisme et l'anarchisme par exemple. La gauche est ainsi susceptible d'être subdivisée en courants qui vont de la gauche modérée à l'ultra-gauche en passant par la gauche radicale et l'extrême gauche. Mieux, chacune de ses subdivisions englobe encore des sous courants qui se distinguent les uns des autres ainsi que l'illustre le cas de l'extrême gauche qui inclut aussi bien le léninisme, le trotskisme que le maoïsme…

Il n'est pas nécessaire cependant pour la réflexion en cours de s'employer à proposer une peinture précise de chaque sensibilité de la gauche, de chaque courant et sous courant. D'ailleurs, il convient de noter que la configuration exacte des forces de gauche dépend de l'histoire politique de chaque pays, des mœurs politiques de chaque société.

Il suffit, dans le cadre du présent propos, de remarquer simplement que l'attachement à ce qu'il est convenu d'appeler la

---

[30] Pour une présentation globale de la théorie critique, voir sous la direction de (E.) Renault et (Y.) Sintomer, *Où en est la théorie critique ?* Paris, La Découverte, 2003.

question sociale constitue une préoccupation caractéristique de la gauche politique.

La gauche, par-delà la diversité de ses formes, se préoccupe de l'exploitation, de la domination, de l'exclusion, de la marginalisation ou de la discrimination…

L'importance accordée à tel ou tel de ces phénomènes et surtout, la conception de la manière d'y remédier sont les raisons qui, en définitive, contribuent à distinguer telle sensibilité de telle autre ou tel sous courant de tel autre.

Ces phénomènes ont été révélés, analysés, à travers différentes œuvres, par différents auteurs, au fil de l'histoire de la pensée politique accompagnant celle de l'humanité tout court, en particulier à partir du dix-huitième siècle jusqu'à nos jours. Ces œuvres et ces auteurs constituent les références, les figures tutélaires, de la gauche politique.

Parmi ces auteurs, Karl Marx qui a vécu au dix-neuvième siècle, en pleine révolution industrielle, occupe une place à part dans la mesure où il a dégagé la division de la société en classes antagonistes comme le phénomène fondamental de l'histoire de l'humanité et désigné la classe sociale la plus exploitée du moment, à savoir la classe ouvrière, comme l'agent de la transformation de la société moderne, la société capitaliste, dans son ensemble.

L'œuvre de Marx marque un moment crucial dans l'essor de la critique sociale en imposant une liaison intrinsèque entre l'analyse de la société à travers la science sociale et le projet politique de transformation de la société dans son ensemble. Aussi il n'est pas exagéré de considérer que l'œuvre de Marx constitue une référence incontournable pour toute la gauche politique même s'il est admis que chaque sensibilité l'appréhende à sa manière.

Il est bien connu qu'à l'origine les promoteurs de la théorie critique cités plus haut, à laquelle se rattache l'actuelle génération de la critique sociale, voulaient renouer avec cette ambition de Marx en établissant un pont entre théorie et pratique, entre science sociale et combat pour la transformation de la société et en adhérant à la désignation du prolétariat comme sujet de l'émancipation à conquérir. Cette dernière perspective sera rapidement abandonnée ensuite par Horkheimer et Adorno, les initiateurs de la théorie critique.

La génération actuelle de la critique sociale, conduite par Honneth, ne revient pas sur cet abandon de la volonté d'articulation de la théorie à la pratique ; elle non plus ne croit pas en l'existence d'une classe sociale destinée à organiser la transformation de la société.

Elle ne renonce pas pour autant à l'ambition de révéler les limites, les insuffisances, de l'organisation de la société et se propose explicitement pour but « de définir et d'analyser les processus d'évolution de la société qui apparaissent comme des évolutions manquées ou des perturbations, c'est-à-dire comme des pathologies du social » ainsi que le proclame Honneth lui-même.[31]

Cette entreprise de révélation des formes de pathologie sociale ou de « vie mutilée ou aliénée »[32] s'adosse à une conception de la vie bonne ou une réflexion sur les conditions de la réalisation de soi. Il s'avère que la reconnaissance, à travers ses différentes orientations, notamment affective, juridique, sociale et politique, est une exigence essentielle de la réalisation de soi.

Il n'est pas nécessaire pour le présent propos de développer davantage les implications de la reformulation de la théorie critique par la génération de Honneth.

Il importe surtout de relever qu'elle a pour conséquence de radicaliser davantage son enracinement dans le camp politique de la gauche, en la distinguant des positions d'auteurs tels que l'Américain Rawls, principal artisan du renouvellement contemporain de la pensée politique et l'Allemand Habermas, figure la plus connue de la seconde génération de l'École de Francfort, qui sont également tenus pour des penseurs de gauche…

Honneth et ses compagnons ne revendiquent pas simplement la justice sociale à la manière de Rawls ou ne s'interrogent pas seulement sur les conditions de la participation de tous les citoyens au débat démocratique à la manière de Habermas.

Plus radicalement, ils montrent que le fonctionnement actuel de l'État démocratique s'accompagne d'une marginalisation de catégories importantes de citoyens qui ont un rapport d'autant plus

---

[31] (A.) Honneth, *La société du mépris*, page 40.

[32] (F.) Fischbach, *Manifeste pour une philosophie sociale*, page, 14.

négatif à eux-mêmes qu'ils sont ignorés, rejetés ou plus exactement « méprisés ». Ces citoyens n'ont plus une estime suffisante d'eux-mêmes pour prétendre intervenir dans le débat public. Aussi se montrent-ils indifférents au jeu politique propre à l'État démocratique dont ils ne peuvent cependant éviter de subir les conséquences.

La critique de la société moderne, capitaliste, apparaît ici plus fondamentale, plus structurelle que chez Rawls ou Habermas, qui eux, croient encore à la possibilité de la conquête d'un consensus entre les citoyens et, il n'est pas étonnant que Honneth, ainsi que d'autres représentants de « la théorie de la reconnaissance », qui est la désignation consacrée de la dernière version de la critique sociale, se retrouvent cités en bonne place dans une étude sur la configuration actuelle des pensées critiques qui nourrissent le discours politique de la gauche[33].

L'enracinement à gauche de la nouvelle critique sociale est d'autant plus incontestable qu'elle ne cache pas son ambition de contribuer à sortir de l'anonymat les victimes des pathologies sociales, son intention d'aider à leur donner la parole pour exprimer publiquement leurs souffrances. Il s'agit clairement de « contribuer à transformer des problèmes sociaux invisibilisés en objet de préoccupation publique et de confrontation politique »[34] souligne Emmanuel Renault, un des plus précoces partisans du renouveau de la critique sociale en France.

En fait, même s'ils admettent qu'il n'existe plus un sujet privilégié de la transformation de la société, les nouveaux partisans de la critique sociale n'ont cependant pas renoncé à la perspective de remettre en cause les formes de l'injustice sociale. En renouvelant la réflexion sur ce thème, ils espèrent encourager les exclus, les marginalisés et autres dominés à prendre non seulement conscience de leur condition, mais surtout à rechercher les moyens de la changer.

En clair, la critique sociale assume son aboutissement politique qui consiste à favoriser l'intervention des dominés dans la vie politique, à susciter leur mobilisation qui culmine dans leur

---

[33] (R.) Keucheyan, *Hémisphère gauche* pp. 278-287.

[34] (E.) Renault, *Souffrances sociales*, page 378 et aussi, sur la même idée (F.) Fischbach *Manifeste pour une philosophie sociale*, pp. 82-83.

érection en une force politique. Les concepts qu'elle élabore ont précisément pour conséquence de rejaillir sur les sujets de l'expérience sociale négative, de produire, en retour, sur eux « un effet d'*empowerment* qui ouvre la voie à la mobilisation politique. » affirme sans détour Franck Fischbach, traducteur de Honneth et auteur d'un *Manifeste pour une philosophie sociale*[35].

Il reste évident que la perspective d'une telle mobilisation politique conduit au renforcement de l'action de la gauche politique dont nous avons vu que, par-delà la diversité de ses sensibilité, elle se saisit de la question sociale.

Il se pose néanmoins la question de savoir précisément à quelle vision de la gauche aboutit la critique sociale sous sa forme actuelle et cette question implique celle des limites de la transformation de la société qu'induit ce courant contemporain de la pensée politique.

*　　　*

*

Il a déjà été indiqué que la position politique qui se déduit de l'actuelle reformulation de la critique sociale se situe plus radicalement à gauche que celle d'auteurs tels Rawls et Habermas. À travers la critique sociale, la critique de la société moderne, la société capitaliste, se veut plus fondamentale, plus structurelle.

Il convient désormais de s'interroger sur les limites de cette prétention à la radicalité.

Car, aussi paradoxal que cela puisse paraître, les représentants actuels de la critique sociale n'envisagent pas la perspective d'une transformation complète de la société moderne, de la société capitaliste. Ils dénoncent certes les pathologies sociales, les mutilations de la vie sociale, ils cherchent à susciter la mobilisation des victimes des expériences sociales négatives contre leur condition, mais ils se gardent de soulever la question d'un

---

[35] (F.) Fischbach, *Manifeste pour une philosophie sociale*, page 143. Voir également sur la même idée (E.) Renault, *Souffrances sociales*, page 374.

bouleversement global de l'ordre social, celle d'une rupture avec la société capitaliste.

En d'autres termes, ils parlent surtout d'émancipation, mais pas de révolution[36]. L'émancipation, telle qu'elle se profile à travers leurs œuvres, se conçoit en opposition à l'aliénation ou à la domination, elle passe par l'affirmation des dominés sur la scène publique, elle implique leur constitution en une force de contestation et de promotion sociale certes, mais elle n'appelle pas un bouleversement du mode d'organisation de la société dans son ensemble, elle n'exige pas forcément un nouvel ordre social.

En d'autres termes, l'émancipation s'accommode de réformes sociales mais n'impose pas une révolution qui désigne le passage d'un ordre social à un autre.

Cette conséquence politique de l'orientation actuelle de la critique sociale ne devrait pas surprendre. Il a été montré en effet qu'elle a hérité de l'abandon de la nécessité d'une liaison entre science sociale et action politique qui a entraîné celui de l'identification d'une classe sociale censée porter la transformation révolutionnaire de la société. Il n'existe plus, de son point de vue, une catégorie sociale particulière supposée incarner la misère de l'humanité et susceptible de l'entraîner dans sa lutte pour la libération : « À la place du prolétariat, dont la situation sociale en faisait jusqu'alors le destinataire du contenu critique de la théorie, doit désormais émerger une capacité rationnelle enfouie dont les motivations sont en principe partagées de manière identique par tous les sujets[37] » constate Honneth.

En termes plus précis, le prolétariat n'est plus considéré dans l'actuelle théorie critique, à la différence de ce qu'elle représentait

---

[36] Par exemple, Guillaume Le blanc qui, dans *l'invisibilité sociale*, P.U.F. , Paris, 2009, prend ses distances à l'égard de la théorie de la reconnaissance et conçoit la politique, en suivant en cela Rancière, comme « La création collective (l'œuvre collective) visant à instaurer ou à restaurer (clinique) l'agir créateur des vies ordinaires » écarte cependant la perspective de la révolution : « L'auto-institution de la société ne loge pas dans la révolution comme événement violent, mais dans le pouvoir créateur de la multitude préparé par le pouvoir « réparateur » de la clinique » page, 189.

[37] (A.) Honneth, *La société du mépris*, page 125.

pour Marx lui-même, comme la classe révolutionnaire par excellence.

Les raisons historiques de cette position théorique, notamment la défaite de la tentative d'édification du socialisme dans les anciens pays de l'est, ne devraient pas préoccuper outre mesure la présente réflexion. Outre qu'il conviendrait de rappeler que l'adoption de cette position théorique remonte au premier tournant de la première génération de la théorie critique, il importe surtout, pour la réflexion sur le rapport entre critique sociale et engagement politique, de dégager les conséquences politiques qui en découlent.

Car elles sont particulièrement significatives. Elles se traduisent en particulier par l'évacuation de la question de la conquête du pouvoir politique par les catégories dominées. Aussi curieux que cela puisse paraître, bien qu'ils évoquent la mobilisation politique des victimes des pathologies sociales, aucun des travaux se réclamant de l'actuelle critique sociale ne soulève cette question de la conquête du pouvoir politique. Mieux, elle est tenue pour une question taboue dont la simple évocation est censée jeter l'opprobre sur son auteur : l'émancipation ne passe pas par le pouvoir politique.

Bien au contraire, il doit être désormais admis que toute force sociale qui parvient à conquérir le pouvoir d'État se transforme automatiquement en une force de domination contre laquelle d'autres seront appelés à lutter. Le pouvoir politique est devenu l'incarnation même du mal pour les intellectuels critiques.

Sur ce point, l'actuelle génération de la théorie critique se nourrit non seulement du tournant pessimiste de la première génération, mais surtout des travaux de Foucault et des représentants de ce qui s'est appelé « la gauche antitotalitaire ».

Le résultat politiquement important de cette position est qu'elle rejette le libéralisme mais pas le capitalisme. Il faut d'ailleurs s'empresser de préciser qu'elle rejette le libéralisme économique mais pas la démocratie libérale ou le libéralisme politique. Pour tous ses représentants, les consultations électorales, en dépit de l'emprise qu'exercent sur elles les puissances financières et les groupes de presse, demeurent la voie royale du changement politique et tout autre mode de transformation des mœurs politiques n'est même pas à envisager.

Encore une fois, il n'est pas nécessaire de s'arrêter sur les raisons historiques qui pourraient justifier une telle position, en particulier l'intégration des partis communistes européens dans le jeu politique libéral qui s'est systématisée dans le phénomène de « l'eurocommunisme », l'expérience de la gestion du pouvoir d'État par des partis de gauche dans d'importants pays européens, l'effacement consécutif des frontières entre partis sociaux-démocrates et partis communistes voire entre partis de gauche et de droite…

Il est surtout utile pour la présente réflexion de chercher à dessiner les limites des changements sociaux et politiques impliqués par l'évolution actuelle de la critique sociale.

Or la portée de ces changements se révèle bien réduite en comparaison avec l'ampleur de l'ambition inaugurale qui vise à dégager les distorsions de la société moderne, les difformités structurelles de la société capitaliste.

Nancy Fraser, figure importante de la critique sociale, lectrice et interlocutrice de Honneth, a forgé une expression qui recouvre l'envergure du changement appelé par ce courant de pensée, sa portée stratégique : elle l'appelle du nom de « réforme non réformiste ».

« Quand elles réussissent, les réformes non réformistes modifient le terrain sur lequel les luttes postérieures seront menées, étendant par là l'ensemble des options possibles pour une réforme future. Avec le temps, leurs effets cumulés peuvent transformer les structures sous jacentes qui génèrent de l'injustice.[38] »

Le recours, explicite, à la notion de réforme est ici significatif. Quand bien même cette réforme est qualifiée de « non réformiste » pour la distinguer du réformisme ordinaire, elle induit l'idée d'un changement progressif qui se démarque de la rupture brutale que suppose la révolution.

Fraser d'ailleurs ne se cache pas son association à l'idéologie social-démocrate.

Il n'est sans doute pas exagéré de considérer que la perception du changement telle qu'elle est formulée par Fraser traduit la vision d'ensemble des représentants actuels de la critique sociale.

---

[38] (N.) Fraser, *Qu'est-ce que la justice sociale* ? Traduction E. Ferrarese, Paris, La Découverte, 2005, page 97.

Globalement ils se rallient à la thèse de la « fin des idéologies » et tiennent pour impossible la rupture complète avec le capitalisme. La critique sociale est ainsi destinée à attirer l'attention sur des excès, sur des aberrations, qui pourraient compromettre, à la longue, la survie du système lui-même par l'indifférence à la vie collective qu'elles entraînent.

Bref, il s'agit, en définitive, de réhabiliter l'intervention de l'Etat dans la vie sociale, la défense d'une politique sociale, contre les assauts répétés du néo-libéralisme.

En somme, la critique sociale se réserve le rôle de soutien idéologique de la gauche démocratique ou parlementaire qui se préoccupe de préserver ses frontières avec la gauche radicale ou révolutionnaire. Dans tous les cas, le changement social poursuivi se doit de rester concevable dans les limites du capitalisme. Après tout, n'est-il pas seulement déraisonnable d'envisager encore un changement social radical, une rupture avec le capitalisme par exemple ?

*　　*

*

La confrontation avec cette dernière question impose à la réflexion en cours une mise à distance de la critique sociale en vue de proposer un passage vers l'élaboration d'une pensée explicite de l'engagement.

L'accomplissement rigoureux d'une telle tâche exige de commencer par reconnaître qu'elle est susceptible de trouver une forme de justification dans la critique sociale elle-même.

À travers cette remarque, il ne s'agit pas simplement de rappeler que la désignation des difformités structurelles de la société moderne devrait logiquement conduire à la quête d'un autre ordre social et que seule une lecture partisane de l'histoire, consacrée par une idéologie dominante profondément subie, a pu empêcher que cette démarche soit ouvertement adoptée.

Non, au-delà de cette considération qui demeure polémique, il convient de ne pas oublier que l'aspiration à une transformation de la société est identifiée par certains représentants de la critique sociale elle-même et que c'est surtout la question de l'ampleur et des modalités de cette transformation qui conduit à se détacher d'eux.

Ainsi par exemple Franck Fischbach achève son *Manifeste pour une philosophie sociale* sur le pressentiment d'une tâche essentielle à venir. Pour lui, il est nécessaire d'articuler la philosophie sociale, non seulement à une réflexion éthique sur les conditions de la vie bonne, ce qui se trouve déjà chez Honneth, mais surtout, à « une réflexion politique dont l'enjeu est constitué des processus de lutte à l'horizon desquels se trouve la conquête des conditions sociales d'une vie accomplie pour le plus grand nombre[39] ».

La présente recherche en cours de développement établit que l'accomplissement de la tâche entrevue ainsi par Fischbach passe par une réflexion sur l'engagement politique, sur sa justification aussi bien que sur ses modalités. Il appartient à une telle réflexion de guider la critique sociale pour éviter qu'elle ne manque son but qui, au fond, n'est rien d'autre que la remise en cause de l'ordre social existant.

En d'autres termes, l'engagement politique, avec la réflexion qu'elle implique, se doit de précéder à la fois pratiquement mais aussi théoriquement, c'est-à-dire méthodologiquement, la critique sociale.

Contrairement à la démarche annoncée par Fischbach, la réflexion politique n'est pas appelée à succéder à la critique sociale, la seconde ne prépare pas la première. Il revient plutôt à la réflexion politique de précéder et de guider la critique sociale. Car l'élaboration même de la critique sociale suppose un parti pris, un engagement, qui s'élève à sa propre conscience à travers une réflexion politique.

Le degré de radicalité de cet engagement politique détermine celle de la critique sociale à entreprendre.

Il apparaît par exemple que, lorsque le savant critique de la société s'identifie à une équipe gouvernementale d'un État libéral qui se préoccupe de l'extension de la pauvreté et de l'exclusion sociale, il en découle un infléchissement particulier de son analyse

---

[39] (F.) Fischbach, *Manifeste pour une philosophie sociale*, page 161.

qui se traduit aussi bien dans la sélection des informations que dans le langage à adopter.

Quand, par contre, il se place au point de vue de l'électeur d'un parti officiel d'opposition qui s'émeut de l'aggravation de la précarité et de la marginalisation en tenant cependant pour acquis que le vote demeure la meilleure façon de poursuivre le changement politique, la portée de la critique qu'il adresse à la société moderne s'en ressent également.

Bien évidemment, la figure de l'électeur ne désigne pas simplement ici le votant à l'occasion d'un scrutin, le sympathisant occasionnel, mais aussi l'adhérent régulier ou le cadre d'un parti conventionnel, électoraliste.

À partir du moment où, à l'opposé, le promoteur de la critique sociale se transporte dans l'état d'esprit d'un militant révolté qui est prêt à occuper une place pour protester contre ce qu'il ressent comme une injustice, une discrimination, le ton de la critique de la société devient autrement moins conciliant.

Il est clair que, sur le terrain de l'action concrète, le militant en vue ici ne se réduit pas à la victime brutalement indignée par un scandale, mais renvoie également au membre d'une organisation non gouvernementale, d'un syndicat ou d'un parti politique radicalisé.

Enfin, lorsque l'initiateur de la critique se désigne comme un révolutionnaire déterminé qui rejette l'exploitation et l'oppression en admettant la violence organisée comme un instrument du combat politique, la langue de la critique sociale reçoit une tournure autrement plus vigoureuse.

Là aussi, il importe peu de préciser que le révolutionnaire évoqué est susceptible d'être membre d'une organisation déjà existante ou une personnalité isolée : ce qui est essentiel se révèle être surtout le type de conscience politique qui se retrouve en l'individu ou le groupe sujet de l'action.

Il doit être bien entendu que les figures de l'engagement politique qui viennent d'être esquissées ne tombent pas du ciel. Non seulement un passage est concevable de l'une à l'autre, mais surtout, il faut admettre qu'elles se forment dans la confrontation entre les événements qui marquent l'histoire d'une société et les personnalités des citoyens considérés individuellement ou collectivement.

Aussi l'expérience directe ou indirecte de la pauvreté, de la marginalisation, de la discrimination ou de l'exploitation, joue-t-elle un rôle dans l'accès à l'engagement politique.

Cette observation permet de revenir sur l'importance même de la critique sociale.

Il est vrai que l'engagement politique en détermine la portée ou la radicalité.

Cependant, il convient de reconnaître que, quelle que soit sa déclinaison ou son accentuation, la critique sociale entretient un lien avec l'engagement politique. S'il est exigé de partir de l'engagement politique pour donner une orientation claire à la critique sociale, il ne faut pas pour autant oublier que, à partir de chaque forme de critique sociale, il apparaît possible de déduire un type d'attitude politique, une conception de l'engagement politique.

En d'autres termes plus clairs, la critique sociale constitue un moment essentiel de l'éducation à l'engagement. Il est incontestable que l'engagement se forge, qu'il se mûrit, se prépare. Entre l'indignation spontanée face à une mesure ponctuelle, qui est d'ailleurs préparée par l'histoire personnelle de chaque individu, et l'inscription dans un mouvement qui œuvre méthodiquement au bouleversement complet de la société, il est indispensable d'admettre des médiations, de trouver des passerelles.

Le développement même de toute critique sociale, quel que soit son contenu, apparaît comme une de ces médiations. L'erreur, qu'il convient d'éviter de commettre et qui passe inaperçue de beaucoup de représentants actuels de la critique sociale, parce qu'ils ne se préoccupent pas d'une réflexion sur l'engagement, consiste à vouloir ramener ouvertement ou implicitement l'engagement politique à la critique sociale, à le réduire à l'élaboration même de la critique sociale.

Car, adopter une telle démarche ne permet pas d'accorder toute son importance à la question de la transformation de la société qui se rappelle à la critique sociale depuis que Marx l'a lancée comme un défi aux philosophes.

Ce défi, que beaucoup de penseurs contemporains ont cru pouvoir railler, tenir pour dépassé, se rappelle à notre époque avec la crise actuelle du capitalisme mondialisé et les conséquences sociales désastreuses qu'elle impose aux différents États. Avec cette crise, il se révèle à tous qu'aucune des conquêtes sociales que revendique avec fierté la société capitaliste ne saurait être tenue pour définitive : l'éducation pour tous, la sécurité sociale, le plein emploi, la retraite, l'allocation chômage, le logement social...

En fonction des fluctuations de la crise, de son intensité, chacune de ces conquêtes sociales est susceptible d'être remise en cause.

S'il en est ainsi, il est légitime que la question de la conquête d'un autre ordre social revienne à l'ordre du jour à travers notamment le développement des formes de résistance contre les mesures d'austérité.

La prise en compte de cette question impose à la réflexion politique, par-delà le renouveau actuel de la critique sociale, d'élaborer une pensée de l'engagement qui fonde, en la soutenant, la critique de la société.

Une telle démarche aboutit à abolir la distance, que la reformulation actuelle de la critique sociale voudrait encore maintenir, entre le savant et le militant en proposant leur réconciliation dans la figure de l'intellectuel engagé, du savant militant ou du militant savant. Car science et action sont appelées à se soutenir dans le projet de transformation du monde ainsi que nous le rappelle la figure de Marx.

NOTE SUR L'ORIGINE DES TEXTES

1. « Penser et s'engager », Reprise d'une conférence prononcée au Centre d'Études pour le Développement Africain à Ouagadougou le 31-01-2008, inédit.

2. « La rencontre et l'engagement » In *Cahier Philosophique d'Afrique*, numéro 09, Ouagadougou, 2011.

3. « Croire et s'engager », Inédit, février 2010.

4. « Reconnaissance et engagement », In Cahier Philosophique d'Afrique numéro 10, Ouagadougou 2012.

5. « Critique sociale et engagement politique », Contribution au colloque sur « Le différend entre social et politique : une tâche pour la philosophie politique » organisé les 15 et 16 octobre 2009 en hommage à Étienne Ganty par les Facultés Universitaires Notre Dame de la Paix de Namur (à paraître).

REFERENCES BIBLIOGRAPHIQUES

(L.) Boltanski, *De la critique. Précis de sociologie de l'émancipation,* Gallimard, Paris, 2009.

(F.) Fischbach, *Manifeste pour une philosophie sociale,* La Découverte, Paris, 2009.

(F.) Fischbach, *Sans objet. Capitalisme, subjectivité, aliénation,* Vrin, Paris, 2009.

(N.) Fraser, *Qu'est-ce que la justice sociale ? Reconnaissance et redistribution*, traduction E. Ferrarese, La Découverte, Paris, 2005.

(G.) Gutiérrez, *Théologie de la libération. Perspectives*, traduction Fr. Malley, Bruxelles, Lumen Vitae, 1974.

(S.) Haber, *L'homme dépossédé. Une tradition critique, de Marx à Honneth.* C.N.R.S., Editions, Paris, 2009.

(J.) Holloway, *Changer le monde sans prendre le pouvoir. Le sens de la révolution aujourd'hui*, traduction S. Bosserelle, Paris, Syllepse, 2007.

(A.) Honneth, *La société du mépris. Vers une nouvelle théorie critique,* traduction O. Voirol, P. Rusch et A. Dupeyrix, La Découverte, Paris, 2006.

(A.) Honneth, *La réification. Petit traité de théorie critique,* traduction S. Haber, Gallimard, Paris, 2005.

(A.) Honneth, *La lutte pour la reconnaissance,* traduction P. Rusch, Cerf, Paris, 2002

(M.) Horkheimer, *Théorie traditionnelle et théorie critique,* traduction C. Maillard et S. Muller, Gallimard, Paris, 1974.

(M.) Horkheimer et (T.W.) Adorno, *La dialectique de la raison*, traduction E. Kaufholz, Gallimard, Paris, 1974

(R.) Keucheyan, *Hémisphère gauche. Une cartographie des nouvelles pensées critiques,* Zones, Paris, 2010.

(G.) Le Blanc, *L'invisibilité sociale*, P.U.F., Paris, 2009.

(K) Marx, *Contribution à la critique de l'économie politique*, traduction M. Husson et G. Badia, Editions Sociale, Paris, 1972.

(E.) Renault, *Souffrances sociales. Philosophie, psychologie et politique*, La Découverte, Paris, 2008.

(E.) Renault, *L'expérience de l'injustice. Reconnaissance et clinique de l'injustice,* La Découverte, Paris, 2004.

(E.) Renault et (Y.) Sintomer (Sous la direction de), *Où en est la théorie critique ?* La Découverte, Paris, 2003.

(M.) Savadogo, *Création et existence*, Presses Universitaires de Namur, 2009.

(M.) Savadogo, *Pour une éthique de l'engagement*, 2ème édition, Presses Universitaires de Namur, 2008.

(M.) Savadogo, *Philosophie et existence*, Paris, L'Harmattan, 2001.

(L.) Siep, *Anerkennung als Prinzip der Praktischen Philosophie. Untersuchungen zu Hegels Jenaer Philosophie des Geites,* Karl Alber, Freiburg-München, 1979.

(C.) Taylor, *Multiculturalisme. Différence et démocratie*, traduction D.-A. Canal, Paris, Aubier, 1994.

TABLE DES MATIERES

Sociologie et questions de société aux éditions L'Harmattan

Dernières parutions

MÉDIAS: INFLUENCE, POUVOIR ET FIABILITÉ
À quoi peut-on se fier ?
Lecomte Julien

Comment comprendre et analyser les médias dans le contexte contemporain ? Il s'agit d'interroger les reproches typiques qui leur sont adressés, de décrypter et évaluer la fiabilité des contenus véhiculés. Il s'agit de questionner les rapports individuels et sociaux que les usagers entretiennent avec eux. Comment se positionner pour élaborer un jugement critique et nuancé à leur égard.

(Coll. Questions contemporaines, 25.00 euros, 256 p.)

ISBN : 978-2-336-00548-5, ISBN EBOOK : 978-2-296-50747-0

QUE FAISONS-NOUS LORSQUE NOUS ORGANISONS ?
Giraud Claude

Organiser est une action si banale que l'on n'y prend garde. S'interroger sur ce que l'on fait lorsqu'on organise revient à se demander de quoi se compose cette action, quelle est sa spécificité. Quelle pertinence peut-il y avoir à distinguer l'organisé de l'organisant et de l'organisation ? Voici une réflexion poursuivie au fil des ouvrages de Claude Giraud sur les rationalités complexes de l'action.

(Coll. Logiques sociales, 19.00 euros, 196 p.)

ISBN : 978-2-336-00350-4, ISBN EBOOK : 978-2-296-50689-3

QUELLE EST NOTRE PLACE DANS L'UNIVERS ? – Dialogues sur la cosmologie moderne
Collin-Zahn Suzy, Vilain Christiane

La période actuelle voit surgir de nombreuses spéculations et interrogations sur la nature de l'univers dans son ensemble et les raisons de notre présence sur une planète perdue dans cette immensité. Des notions nouvelles sont apparues : inflation cosmique, matière noire et énergie noire, cordes et boucles, principe anthropique... Comment s'est constituée la cosmologie moderne ?

(Coll. Sciences et Société, 27.00 euros, 264 p.)

ISBN : 978-2-296-99499-7, ISBN EBOOK : 978-2-296-50658-9

GAY À TOUT PRIX – Gay'ze in wonderland
Bocahut Laurent, Brooks Philip

Tourné en juin 1997 alors que Paris accueille l'Europride, ce film porte un regard caustique et tendre sur un style de vie gay qui est en pleine éclosion. Il propose sa vision introspective de la communauté gay : comment vit-elle son identité, son désir d'égalité et son consumérisme effréné ? Une communauté aux prises avec ses propres contradictions, partagée entre le désir d'affirmer

ses différences et celui de se fondre dans une société qui la marginalise en lui refusant l'égalité de droit.
(20.00 euros) *ISBN : 978-2-296-57450-2*

PÊCHE MON PETIT PONEY
Riera Thomas
Le film est l'enquête que mène le réalisateur sur son petit poney en plastique rose reçu le jour de son 6e anniversaire. Il part à la recherche du moindre indice pour tenter de savoir si ce petit poney, qu'il avait surnommé Pêche, lui était vraiment destiné. À travers ses rencontres, il découvre les codes et stéréotypes dans l'univers du jouet et évoque ce que Pêche représentait réellement pour lui : un véritable confident à qui il parlait de ses envies naissantes pour les garçons...
(20.00 euros) *ISBN : 978-2-296-57473-1*

JEUNES (LES) EXPLIQUES AUX VIEUX
Monneuse Denis
Lassés par les clichés qui pullulent sur notre compte, je voudrais vous expliquer qui nous sommes. A travers ce «Guide du Routard» sur les jeunes, voici donc notre mode d'emploi.
(Coll. Pour Comprendre, 23.00 euros, 222 p.)
ISBN : 978-2-296-99692-2, ISBN EBOOK : 978-2-296-50451-6

PROBLÈME (LE) SOCIOLOGIQUE DU RIRE
Dupreel Eugène - Préface de Claude Javeau
Ce texte fut publié en 1928 dans la revue *Philosophique*. Dans une perspective microsociologique et phénoménologique, Eugène Dupréel défend l'hypothèse que le rire relève toujours d'un rapport social. L'auteur l'oppose notamment aux perspectives philosophiques de Bergson. Et du point de vue psychosociologique, il établit une distinction entre le rire d'accueil et le rire d'exclusion, et appréhende les situations de rire les plus diverses.
(Coll. Logiques sociales, 11.50 euros, 82 p.)
ISBN : 9782-296-96772-4, ISBN EBOOK : 9782-296-50101-0

ÉTHIQUE (L') DU MENSONGE
Ducerf Dominique
Du mensonge prédateur au mensonge protecteur, en passant par celui par faiblesse ou par frime, le mensonge présente de nombreux visages. Si certains contextes peuvent rendre le mensonge légitime, nécessiter l'effacement d'une certaine vérité au profit de l'éthique, il s'agit avant tout de comprendre l'intérêt psychologique, social et surtout spirituel à entrer dans une démarche d'évitement du mensonge. Quels sont les ressorts du mensonge? Quels en sont les effets sur autrui et sur soi ?
(Coll. Ethique au quotidien, 13.50 euros, 122 p.)
ISBN : 978-2-296-99643-4, ISBN EBOOK : 978-2-296-50477-6

REGARDS CROISÉS SUR LA RÉGULATION SOCIALE DES DÉSORDRES
Sous la direction de Boucher Manuel, Malochet Virginie
Voici interrogée la production/régulation/répression des désordres en France ainsi que dans plusieurs autres pays (Argentine, Cuba, Iran, Turquie, Belgique,

Suisse, Italie). Quelles sont les réponses apportées par les pouvoirs publics et les acteurs professionnels et sociaux pour assurer le bon ordre, éviter les débordements ? Alors que nous vivons une crise du lien social, propice au développement de logiques autoritaires, exclusionnaires et conservatrices, voici une réflexion sur des sujets fondamentaux pour l'avenir des sociétés démocratiques.
(Coll. Recherche et transformation sociale, 38.50 euros, 398 p.)
ISBN : 978-2-296-99710-3, ISBN EBOOK : 978-2-296-50483-7

QUELLES RECHERCHES QUALITATIVES EN SCIENCES HUMAINES ? – Approches interdisciplinaires de la diversité
Sous la direction de Cécile Goï
Le point de départ de cet ouvrage collectif se situe dans les domaines de la didactique des langues et de la sociolinguistique, domaines dans lesquels la pluralité, l'altérité et la réflexivité émergent pour se placer au coeur des préoccupations de recherche. Ces notions interrogent de manière transversale les enjeux théoriques et méthodologiques mais aussi la place du chercheur dans sa recherche.
(Coll. Espaces discursifs, 15.00 euros, 146 p.)
ISBN : 978-2-296-99155-2, ISBN EBOOK : 978-2-296-50084-6

SÉCURITÉ (LA) ROUTIÈRE : ENJEUX PUBLICS ET SOCIÉTÉ CIVILE – Une formation au radar
Sous la direction de Cunegatti Hugues, Suaud Charles
La conduite automobile, pratique ludique et aristocratique à ses débuts, est devenue tardivement une affaire d'État (à partir des années 1970). Si la route tue moins, elle continue à frapper en priorité les catégories les moins intégrées socialement. La deuxième partie de l'ouvrage fait entrer dans la «boîte noire» du travail de communication engagé dans l'élaboration, la diffusion et la réception des politiques de sécurité routière.
(Coll. Logiques sociales, 23.00 euros, 236 p.)
ISBN : 978-2-296-96260-6, ISBN EBOOK : 978-2-296-50103-4

RECHERCHE (LA) À L'ÉPREUVE DES TERRAINS SENSIBLES – Approches en sciences sociales
Sous la direction d'Emilie Hannequin
Voici une réflexion pluridisciplinaire de chercheurs tous confrontés à la difficulté des sujets sensibles en sciences sociales. Les réflexions méthodologiques sont souvent fragmentées par discipline, alors que beaucoup de questions sont communes.
(Coll. Logiques sociales, 25.50 euros, 256 p.)
ISBN : 978-2-296-99460-7, ISBN EBOOK : 978-2-296-50106-5

MONDES PAYSANS – Innovations, progrès technique et développement
Zelem Marie Christine - Témoignage de Pierre Brugel
Dans une grande majorité des cas, les communautés paysannes manifestent des résistances, souvent qualifiées d'immobilisme ou de refus du progrès, à l'évolution technologique. Le propos questionne ici l'origine des changements préconisés, leur légitimité, leur compatibilité avec le système social supposé

les accueillir. Il s'arrête aussi sur les conditions de l'adoption et de la diffusion de la technique, à travers sept exemples concrets.
(Coll. Logiques sociales, 21.00 euros, 212 p.)
ISBN : 9782-296-99655-7, ISBN EBOOK : 9782-296-50083-9

INDIGNÉS. LA FORCE DE L'ANONYME – Indignados. La fuerza del anonimato
Intempestives 3
Sous la direction de Santiago Lopez Petit et Giancarlo Pizzi
Ce numéro revient sur le mouvement des Indignés (ou M-15). Il regroupe les analyses, différentes voire divergentes, de théoriciens et d'acteurs du Mouvement, deux documents du M-15, et l'analyse de Toni Negri sur les composantes du mouvement et ses enjeux. Deux textes concernent la « jacquerie « de Londres et le mouvement d'occupation de Wall Street, deux autres entendent expliciter le sens de l'ensemble de ces mouvements sociaux au plan international. (Contributions en français, espagnol, italien).
(Coll. Intempestives, 14.00 euros, 114 p.)
ISBN : 978-2-296-99157-6, ISBN EBOOK : 978-2-296-50094-5

DE L'INDIGNATION À LA RÉVOLUTION
Bublex Georges
Cet essai aborde la question des conditions d'une révolution parmi les crises politiques, puis du rapport entre les luttes quotidiennes et la révolution. Comment aboutir à l'unité des organisations qui veulent «changer» la société ? Pourquoi la démocratie actuelle n'en est pas une ? Ce livre propose une étude fouillée de la transformation du prolétariat en France et dans la mondialisation. Ce livre n'est pas une recette mais une analyse des conditions actuelles de la révolution à l'échelle internationale.
(23.50 euros, 226 p.) *ISBN : 978-2-296-99267-2*

ITINÉRAIRES DE CHERCHEURS
Histoires de vies et choix théoriques en sciences sociales (Tome V)
Coordonné par Elsa Tuffa
Voici rassemblés les itinéraires de François Dubet, Jeanne Favret-Saada, Jacques Généreux, Michel Pinçon et Monique Pinçon-Charlot, Jean-Pol Tassin et Anne Vincent-Buffault. Cet ouvrage donne à voir le point de vue de chacun sur son parcours.
(Coll. Changement social, 29.00 euros, 274 p.) *ISBN : 978-2-296-96619-2*

ÉPISTÉMOLOGIE (L') PRATIQUE DE PIERRE BOURDIEU
Servais Olivier
Pierre Bourdieu est plus connu pour son oeuvre sociologique que pour ses prises de position épistémologiques. Si on lui accorde volontiers une certaine habileté théorique, on ne lui reconnaît aucune compétence particulière en matière d'épistémologie des sciences sociales. Prenant le contre-pied de ces critiques, l'auteur montre la cohérence épistémologique du travail du sociologue.
(Coll. Logiques sociales, 26.00 euros, 264 p.) *ISBN : 978-2-296-99190-3*

L'HARMATTAN, ITALIA
Via Degli Artisti 15; 10124 Torino

L'HARMATTAN HONGRIE
Könyvesbolt ; Kossuth L. u. 14-16
1053 Budapest

ESPACE L'HARMATTAN KINSHASA
Faculté des Sciences sociales,
politiques et administratives
BP243, KIN XI
Université de Kinshasa

L'HARMATTAN CONGO
67, av. E. P. Lumumba
Bât. – Congo Pharmacie (Bib. Nat.)
BP2874 Brazzaville
harmattan.congo@yahoo.fr

L'HARMATTAN GUINÉE
Almamya Rue KA 028, en face du restaurant Le Cèdre
OKB agency BP 3470 Conakry
(00224) 60 20 85 08
harmattanguinee@yahoo.fr

L'HARMATTAN CAMEROUN
BP 11486
Face à la SNI, immeuble Don Bosco
Yaoundé
(00237) 99 76 61 66
harmattancam@yahoo.fr

L'HARMATTAN CÔTE D'IVOIRE
Résidence Karl / cité des arts
Abidjan-Cocody 03 BP 1588 Abidjan 03
(00225) 05 77 87 31
etien_nda@yahoo.fr

L'HARMATTAN MAURITANIE
Espace El Kettab du livre francophone
N° 472 avenue du Palais des Congrès
BP 316 Nouakchott
(00222) 63 25 980

L'HARMATTAN SÉNÉGAL
« Villa Rose », rue de Diourbel X G, Point E
BP 45034 Dakar FANN
(00221) 33 825 98 58 / 77 242 25 08
senharmattan@gmail.com

L'HARMATTAN TOGO
1771, Bd du 13 janvier
BP 414 Lomé
Tél : 00 228 2201792
gerry@taama.net

639042 - Janvier 2016
Achevé d'imprimer par